Venezianische Küche

Herausgegeben von **Cinzia Armanini** und **Alberta Magris**
Fotografien von **Laurent Grandadam**

GERSTENBERG

CALLE
MANETTA

Vorwort

„Bis ins 16. Jahrhundert war Venedig eine der größten Handelsstädte und bedeutender Umschlagplatz für den Warenaustausch zwischen Westeuropa und dem östlichen Mittelmeer. La Serenissima („Die Allerdurchlauchtigste") beeinflusste große Teile der damals bekannten Welt. Das reichhaltige kulturelle Erbe der Stadt ist tief mit der Region verwurzelt, insbesondere mit einigen größeren Inseln in der Lagune von Venedig. Spuren der ältesten Besiedelungen wurden auf Mazzorbo, Burano und Torcello gefunden, diese drei Inseln gelten als der Ursprung Venedigs, was sicherlich nicht nur an der Schönheit der Landschaft lag, sondern vor allem an den Ressourcen.
Der Reichtum der Lagunenstadt begründete sich im Salzmonopol, das für die Konservierung von Fleisch und Fisch von größter Bedeutung war. Der byzantinische Kaiser Konstantin VII. (905–959 n. Chr.) erklärte die Inseln zum wichtigsten westlichen Außenposten seines Reichs. Einige Jahrhunderte später verlagerte sich das politische und wirtschaftliche Zentrum zunehmend auf das Festland, die Inseln blieben jedoch nach wie vor wichtige Grundlage für den Machterhalt Venedigs, da die Verteidigungsanlagen der Stadt in der Lagune lagen. Verwaltung, Handel, Kriegs- und Flottenführung wurden vom Festland aus betrieben, doch der Gemüse- und Weinanbau, die Fischerei und die Gastronomie lagen hingegen in der Hand der Inselbewohner, die eifersüchtig darüber wachten, dass dieser Zustand auch erhalten blieb. Sie empfinden sich bis heute als wahrhaft gebürtige Venezianer und pflegen ihre Tradition mit besonderer Hingabe. Winzer, Gemüseproduzenten, Gastronomen, Fischer und Künstler der drei Inseln Mazzorbo, Burano sowie Torcello haben unlängst ein Konsortium namens Venezia Nativa („Gebürtiges Venedig") gegründet. Ziel dieses Konsortiums ist es, die besondere Stellung der Inseln vom Altertum bis in die heutige Zeit zu unterstreichen und ihre hochwertigen Produkte zu präsentieren. Die Inseln und ihre kulinarischen Spezialitäten sind auch Ausgangspunkt des vorliegenden Buches, das darum bemüht ist, seinen Lesern die authentische venezianische Küche nahezubringen."

Gianluca Bisol,
Generaldirektor des Weinguts Bisol

Inhalt

Schwierigkeitsgrad der Rezepte:

■ □ □ leicht

■ ■ □ mittel

■ ■ ■ anspruchsvoll

Palude
del
Carboner
Tessera
Campalto
S.Secondo
Sacca Serenella
Venezia
Murano
San Michele
Lazzar
Canale
della
Giudecca
la Giudecca
la Certosa
San Giorgio
Maggiore
Forte
la Grazia
S.Elena
Sacca Sèssola
San Sèrvolo
S.Nico
San Clemente

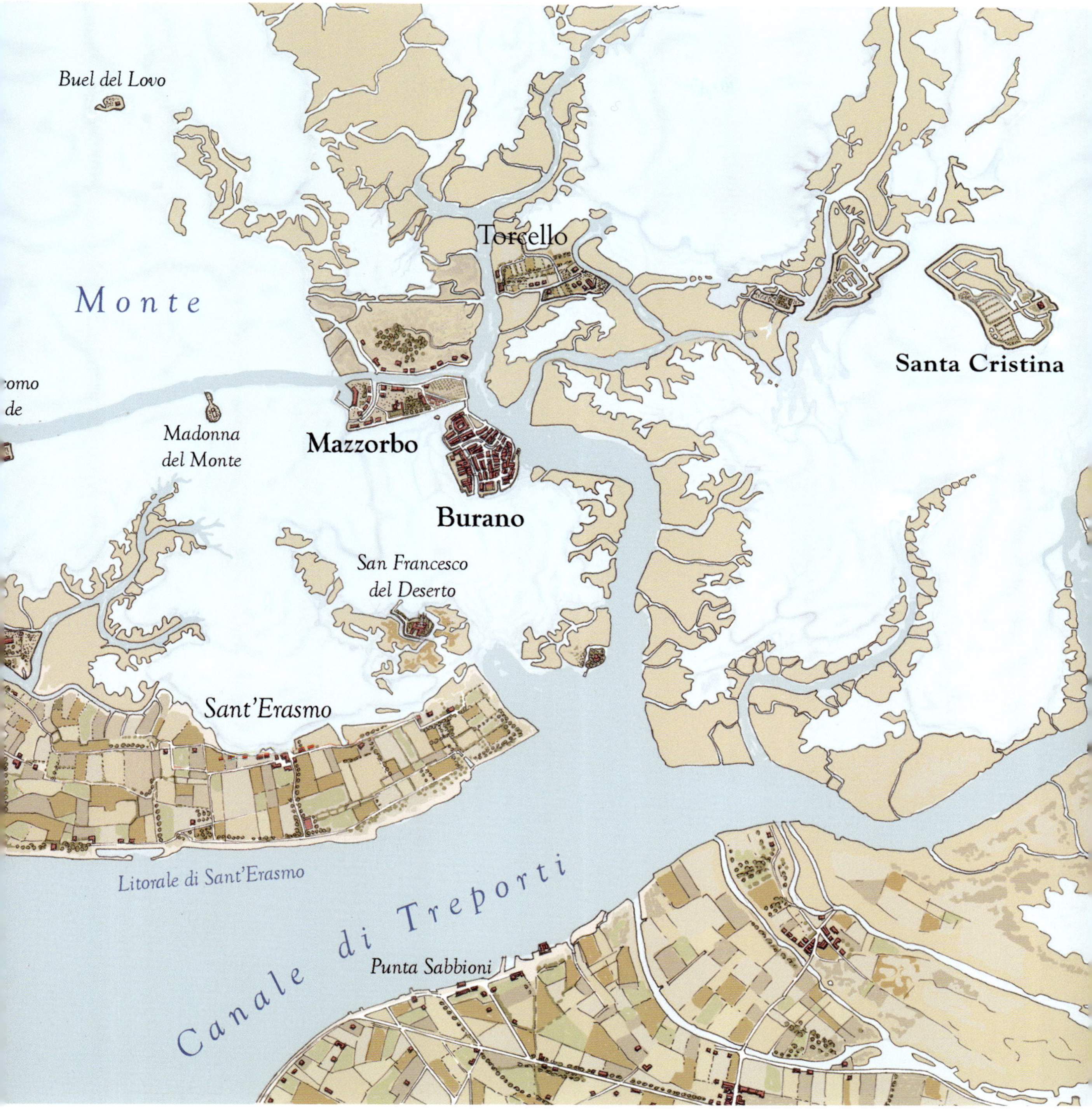

Buel del Lovo
Torcello
Monte
Santa Cristina
omo
de
Madonna
del Monte
Mazzorbo
Burano
San Francesco
del Deserto
Sant'Erasmo
Litorale di Sant'Erasmo
Canale di Treporti
Punta Sabbioni

15 Das authentische Venedig

Venedig war schon immer ein Zentrum regen Handels. Die kulinarischen Besonderheiten dieser Stadt spiegeln einerseits lokale Zubereitungsarten wider, andererseits ist der Einfluss anderer Kulturen unverkennbar. Für die langen Seereisen in den Orient mussten Nahrungsmittel haltbar gemacht werden und bei ihrer Rückkehr brachten die Seefahrer Gewürze in die Lagunenstadt, die die Gerichte dieser Region bis heute mit überraschenden Aromen bereichern.

Doch die Gerichte zeugen nicht nur von der bewegten Vergangenheit Venedigs. Auf den Inseln der Lagune wurde stets eine eigene kulinarische Tradition gepflegt, dort findet man ganz besondere Speisen. Wenn man die authentische venezianische Küche des „gebürtigen Venedigs" entdecken will, sollte man sich auf die Inseln begeben. Die dortigen Restaurantchefs bemühen sich, alte Rezepturen ausfindig zu machen und verwenden regionale Produkte wie zum Beispiel Pflanzen der Barena, die einst fester Bestandteil des Speiseplans waren. Die Barene sind Salzmarschen, morastige Gebiete zwischen dem Meer und dem Festland, die regelmäßig von Hochwasser überschwemmt werden. Hier überleben nur salzliebende Pflanzen, die einen unverwechselbaren Geschmack aufweisen, der sich wiederum in den Speisen niederschlägt. Um diese authentischen Zutaten zu finden, muss man ein guter Kenner der Umgebung sein.

Ein weiteres Merkmal der Lagune Venedigs ist der Nebel, den die Einheimischen „caigo" nennen. Er ist so dicht, dass man die Hand vor Augen nicht sehen kann. Sobald er aufzieht, scheint sämtliches Leben der Lagune still zu stehen. Die Boote bleiben an ihren Anlegeplätzen und die Verbindungen zwischen Venedig und dem Festland sind unterbrochen. Das ist dann der richtige Moment, um mit den Fischern, die im Nebel nicht hinausfahren können, zu plaudern. Einer wird Ihnen vielleicht erzählen, dass er

La Molignana

sein Haus in einer Farbe angestrichen hat, die türkisblau wie das Meer ist, und wie hübsch sein Haus neben dem korallenroten seines Nachbarn aussehe und wie das tiefe Blau das Nebelgrau vertreibe, das sich wie Blei über den Himmel und das Meer lege und zuweilen auch die Stimmung trübe. Dagegen helfe aber ein gutes Glas Wein, zu dem man einen kleinen Happen genießt.
Wenn Sie diesen Ratschlag befolgen, treffen sie in der Osteria wahrscheinlich auf den einen oder anderen Händler, der eigentlich Obst nach Rialto transportieren wollte, aber aufgrund des Nebels zum Nichtstun verurteilt ist. „Wenigstens geht durch Nebel der Geschmack der Früchte nicht verloren", wird er sagen, „selbst wenn man nicht sieht, wo man hintritt."
Bei klarer Sicht herrscht wieder reges Treiben und die Fischer erbeuten jene Schätze des Meeres, die für die Küche Venedigs charakteristisch sind: Sardinen, Marmorbrassen, Aale und eine große Vielzahl an Muscheln und Krustentieren. Leider gibt es nicht mehr sehr viele Fischer, die die Lagune wie ihre eigene Westentasche kennen und ihre Kenntnisse an die nächste Generation weitergeben. Fischer zu sein, bedeutet harte Knochenarbeit. Die jungen Leute gehen lieber auf das Festland, wo das Leben einfacher ist. Diejenigen, die sich zum Bleiben entschließen, haben allerdings die Möglichkeit, ein altehrwürdiges Gewerbe zu erlernen und vor allem können sie dazu beitragen, eine besondere Region zu schützen.
Zum Glück gibt es Frauen, auf die man sich immer verlassen kann – wie fleißige Bienen sind sie immer geschäftig und haben keine Zeit, um Trübsal zu blasen. Nach getaner Hausarbeit nehmen sie ihr Stickkissen und setzen sich mit ihren Freundinnen in die kleinen Gassen, um in der Sonne Spitzen zu fertigen, selbst wenn die Sehkraft ihrer Augen bereits etwas nachgelassen hat.

21

Das authentische Venedig

Im Sonnenlicht erstrahlen die Inseln Mazzorbo, Sant'Erasmo, Torcello, Murano und Vignole in den unterschiedlichsten Grünschattierungen. In dieser kargen Landschaft vermutet man vielleicht keine fruchtbaren Gemüsegärten und ertragreichen Rebstöcke. Doch der lehm- und salzhaltige Boden bringt besonders aromatisches Obst und Gemüse hervor. Die Vorzüge dieses Anbaugebiets pries der Kartograf Vincenzo Maria Coronelli bereits im 17. Jahrhundert: „Unter den Inseln, die die Lagune Venedig begrenzen, ist die Insel Sant'Erasmo am bemerkenswertesten. Dort befinden sich die schönen Wein- und Obstgärten, die dafür sorgen, dass die Stadt stets mit reichlich köstlichem Obst und Gemüse versorgt ist."
Die Lagune war von alters her die Vorratskammer für die Aromen der venezianischen Küche.

Antipasti und Cocktails

Spritz Aperol veneziano

Venezianischer Aperol Spritz

Für 1 Glas:
- *einige Eiswürfel*
- *2 Teile Prosecco (ca. 6 cl)*
- *1 Schuss Mineralwasser*
- *1 Teil Aperol (ca. 3 cl)*
- *½ Scheibe von 1 reifen, unbehandelten Orange*

- Das Glas bis zur Hälfte mit Eiswürfeln füllen. Den Prosecco angießen und das Mineralwasser hinzufügen. Den Aperol hinzugeben.

- Vorsichtig umrühren, die halbe Orangenscheibe in das Glas geben und den Aperitif servieren.

Tipp: Sie können auch mehr Prosecco und mehr Aperol verwenden, wichtig ist nur, dass Sie doppelt so viel Prosecco wie Aperol nehmen.

Rossini Cocktail

Rossini und Bellini Cocktail

Für 1 Glas Rossini:

- *5 cl Erdbeermark (von 50 g vollreifen Erdbeeren)*
- *einige Tropfen Zitronensaft*
- *einige Tropfen Zuckersirup*
- *10 cl eisgekühlter Prosecco*

Zubereitung des Erdbeermarks
Die Erdbeeren waschen und mit einem kleinen Messer vom Stielansatz befreien. Eine Erdbeere für die Garnitur beiseitelegen. Die restlichen in einen Mixer geben und fein pürieren. Zitronensaft sowie Zuckerlikör hinzufügen und das Mark nochmals kurz aufmixen.

Zubereitung des Cocktails
Das Erdbeermark in ein Sektglas geben. Mit dem Prosecco aufgießen. Die zurückbehaltene Erdbeere einschneiden und an den Glasrand stecken.
Den Cocktail sofort servieren. Eventuell einige Eiswürfel zugeben oder das Erdbeermark vor der Verwendung für 30 Min. in das Gefrierfach stellen.

***

Zutaten für 1 Glas Bellini:

- *5 cl Pfirsichmark (von 50 g vollreifem, weißem Pfirsich)*
- *einige Tropfen Zuckersirup*
- *10 cl eisgekühlter Prosecco*

Tipp
Zuckersirup erhalten Sie in gut sortierten Getränkemärkten oder Sie stellen ihn selbst her: 125 g Zucker und 125 ml Wasser verrühren und 15 Min. kochen lassen. Dann in eine saubere, verschließbare Flasche abfüllen. Den Sirup vollständig abkühlen lassen und anschließend im Kühlschrank aufbewahren. Ungeöffnet hält er sich bis zu 6 Wochen.

Zubereitung des Pfirsichmarks
Den Pfirsich schälen, halbieren und entsteinen. Eine Hälfte (die zweite Hälfte anderweitig verwenden) gründlich mit einer Gabel zerdrücken, bis eine feine Masse entsteht. Den Zuckerlikör untermischen.

Zubereitung des Cocktails
Das Pfirsichmark in ein Sektglas geben. Mit dem Prosecco aufgießen und kurz umrühren. Den Cocktail sofort servieren. Eventuell einige Eiswürfel zugeben oder das Pfirsichmark vor der Verwendung für 30 Min. in das Gefrierfach stellen.

Hinweis: Der Bellini soll erstmals in der Harry's Bar in Venedig kredenzt und von Giuseppe Cipriani, der die Bar 1931 eröffnete, kreiert worden sein. Laut Cipriani ist es wichtig, dass das Pfirsichfruchtfleisch zerdrückt, und nicht püriert wird.

SMO

34

Antipasti und Cocktails

Polpettine di carne

Kleine Fleischbällchen

Zutaten für 4 Personen:
- ***400 g gemischtes Hackfleisch***
- ***3 Eier***
- ***40 g frisch geriebener Parmesan***
- ***20 g Mehl***
- ***2 EL frisch gehackte Petersilie***
- ***Salz***
- ***Pfeffer aus der Mühle***
- ***250 g Semmelbrösel***
- ***200 ml Olivenöl zum Frittieren***

- In einer Schüssel Hackfleisch, Eier, Parmesan, Mehl, Petersilie, Salz, Pfeffer und 50 g Semmelbrösel gründlich miteinander vermengen.

- Die Hackfleischmasse sollte glatt und gut formbar sein; sollte sie klebrig sein, etwas mehr Semmelbrösel hinzufügen.

- Die Schüssel mit einem Deckel oder Tuch bedecken und die Masse mindestens 1 Std. durchziehen lassen.

- Die restlichen Semmelbrösel in einen tiefen Teller geben. Aus der Hackfleischmasse kleine, mundgerechte Bällchen formen. Das Olivenöl in einer Pfanne auf etwa 180 °C erhitzen. Die Bällchen in den Semmelbröseln wälzen und im Öl portionsweise 5–6 Min. frittieren. Dabei laufend wenden, damit sie rundherum goldbraun werden. Mit einem Schaumlöffel herausnehmen, auf Küchenpapier abtropfen lassen und sofort servieren. Nach Belieben vorher auf Holzspieße stecken.

Tipp: Die richtige Temperatur des Öls ermitteln Sie, indem Sie einen Würfel altbackenes Brot hineingeben. Ist der Brotwürfel nach 40 Sek. goldbraun, ist das Öl heiß genug zum Frittieren.

36

Antipasti und Cocktails

Crostino con sardine

Crostini mit Sardinen

Zutaten für 4 Personen:
- ***16 kleine, frische Sardinenfilets***
- ***Salz***
- ***Pfeffer aus der Mühle***
- ***8 Scheiben Weißbrot (Baguette oder Ciabatta)***
- ***kalt gepresstes Olivenöl***

- Den Backofen auf 220 °C vorheizen.

- Die Sardinenfilets mit einer Pinzette von eventuellen Gräten befreien. In einen Dämpfeinsatz legen und 3–4 Min. über kochendem Wasser garen. Die Fischfilets salzen und pfeffern.

- Während die Sardinenfilets garen, die Brotscheiben auf ein Blech geben und im Ofen in ca. 6 Min. knusprig backen.

- Jeweils mit etwas Olivenöl beträufeln und mit 2 bis 3 Sardinenfilets belegen.

- Die Crostini sofort servieren.

40

Antipasti und Cocktails

Schie con polenta bianca

Garnelen mit weißer Polenta

Zutaten für 4 Personen:

Für die Polenta

- **250 g weiße Polenta**
- **1 EL grobes Meersalz**

Für die Garnelen

- **1 EL grobes Meersalz**
- **200 g frische Garnelen (vorzugsweise aus der Lagune von Venedig)**
- **1 Knoblauchzehe**
- **½ Bund Petersilie**
- **kalt gepresstes Olivenöl**
- **feines Salz**

- Für die Polenta in einem Topf mit schwerem Boden 1 l Wasser zum Kochen bringen. Meersalz dazugeben und die Polenta nach und nach zufügen. Dabei ständig mit einem Kochlöffel oder Schneebesen rühren, damit sich keine Klumpen bilden. Die Temperatur reduzieren und die Polenta unter laufendem Rühren etwa 40 Min. garen (Instantpolenta benötigt ca. 10 Min. Garzeit). Sobald der Polentabrei sämig, aber fest ist, den Inhalt des Topfes auf ein Holz- oder Marmorbrett stürzen. Mit einem Kochlöffel etwa 10 cm dick verstreichen. Im Ofen bei 50 °C warm halten.

- Für die Garnelen 1,5 l Wasser in einem Topf zum Kochen bringen, das Meersalz hinzufügen und kurz umrühren. Die Garnelen kurz kalt abspülen und in das kochende Wasser geben. 5 Min. köcheln lassen.

- Inzwischen die Knoblauchzehe schälen und fein hacken. Die Petersilie waschen, trocken tupfen, die Blättchen von den Stielen zupfen und ebenfalls fein hacken.

- Die Garnelen abseihen und kurz abkühlen lassen. Dann jeweils die Schale und den Kopf entfernen. In eine Schüssel geben. Knoblauch, Petersilie, etwas Olivenöl sowie Salz hinzufügen und das Ganze gut vermengen.

- Die Polenta in etwa 2 cm dicke Scheiben schneiden. Die Scheiben auf 4 vorgewärmte Teller verteilen. Jeweils 1 Portion Garnelen dazugeben und das Gericht sofort servieren.

Hinweis: Weiße Polenta *(Polenta Bianca)* ist eine Spezialität aus dem Veneto mit einem sehr delikaten Geschmack. In Venetien wird sie gerne als Beilage zu Fisch und Meeresfrüchten serviert. Weiße Polenta erhalten Sie in italienischen Feinkostläden oder Sie bestellen sie über das Internet.

Capesante alla piastra

Gebratene Jakobsmuscheln

Zutaten für 4 Personen:
- ***8 Jakobsmuscheln mit Schale***
- ***kalt gepresstes Olivenöl***
- ***Salz***
- ***Pfeffer aus der Mühle***
- ***4 Zitronenspalten***

- Das Muschelfleisch mit einem Löffel von den Schalen lösen, dabei die fadenförmigen Bärte und den orangefarbenen Rogen entfernen. Das Muschelfleisch gründlich unter fließendem Wasser säubern. Auf Küchenpapier abtropfen lassen. Die Schalen säubern, abtrocknen und je 2 auf einen Teller legen.

- Eine Grillpfanne oder beschichtete Pfanne erhitzen. Das Muschelfleisch 4–5 Min. darin anbraten. Dabei mehrmals vorsichtig wenden.

- In jede Schale eine gegarte Muschel legen. Mit Olivenöl beträufeln, mit Salz und Pfeffer würzen.

- Jeden Teller mit einer Zitronenspalte garnieren und alles sofort servieren.

Tipp: Sie können die Muscheln natürlich auch vom Fischhändler auslösen und die Schalen extra einpacken lassen. Das zarte Fleisch der Jakobsmuscheln ist sehr empfindlich, wenn es länger auf Eis liegt, verliert es an Geschmack. Deshalb am besten keine bereits ausgelösten Jakobsmuscheln kaufen, sondern nach ganzen Muscheln fragen und diese vom Fischhändler vor Ihren Augen öffnen und auslösen lassen.

Capesante gratinate con il pomodoro

Gratinierte Jakobsmuscheln mit Tomaten, Oliven und Kapern

Zutaten für 4 Personen:
- *125 g schwarze, entsteinte Oliven*
- *60 g Kapern*
- *kalt gepresstes Olivenöl*
- *1 Knoblauchzehe*
- *3 vollreife Tomaten*
- *16 ausgelöste Jakobsmuscheln (Schalen mitgeben lassen)*
- *1 Schuss Brandy*
- *100 g frisch geriebener Parmesan*
- *Salz*
- *Pfeffer aus der Mühle*

- Die Grillfunktion des Backofens einschalten.

- Einige Oliven beiseitelegen. Die restlichen Oliven zusammen mit Kapern und etwas Olivenöl pürieren, bis eine feine Creme entsteht. Die beiseite gelegten Oliven in feine Scheiben schneiden und unter das Pesto mischen.

- Die Knoblauchzehe schälen und fein hacken. Die Tomaten waschen, vom Stielansatz befreien und in kleine Würfel schneiden.

- Das Muschelfleisch kalt abspülen und auf Küchenpapier abtropfen lassen. Die Schalen ebenfalls säubern und beiseitelegen.

- Etwas Olivenöl in einem mittelgroßen Topf erhitzen und den Knoblauch darin anschwitzen. Das Muschelfleisch hinzufügen und einige Min. garen. Mit Brandy ablöschen und den Alkohol einkochen lassen. Das Olivenpesto und die gewürfelten Tomaten untermengen. Mit Salz und Pfeffer würzen, das Salz aber vorsichtig dosieren, da Parmesan viel Salz enthält. Das Ganze etwa 10 Min. köcheln lassen, dabei hin und wieder umrühren.

- Die Muschelschalen in eine feuerfeste Form legen.

- In jede Schale eine Jakobsmuschel legen, je 1 Esslöffel Sauce darauf verteilen und etwas Parmesan darüberstreuen.

- Die Muscheln im Backofen in circa 10 Min. goldbraun gratinieren. Herausnehmen und sofort servieren.

46

Antipasti und Cocktails

Canestrelli

Kammmuscheln in Weißwein

Zutaten für 4 Personen:
- ***16 Kammmuscheln in der Schale***
- ***1 Knoblauchzehe***
- ***1 Bund Petersilie***
- ***kalt gepresstes Olivenöl***
- ***150 ml trockener Weißwein***

- Das Muschelfleisch und die -schalen sorgfältig unter kaltem Wasser säubern. Das Muschelfleisch dabei nicht aus den Schalen lösen.

- Die Knoblauchzehe schälen. Die Petersilie waschen, trocken tupfen, die Blättchen von den Stielen zupfen und fein hacken.

- In eine große Pfanne einen Schuss Olivenöl geben und erhitzen. Die Knoblauchzehe darin anrösten. Die Kammmuscheln hinzufügen und einige Min. garen.

- Mit dem Weißwein ablöschen und den Alkohol einkochen lassen. Die Pfanne mit einem Deckel verschließen und die Muscheln weitere 5–6 Min. bei mittlerer Hitze köcheln lassen.

- Vom Herd nehmen und mit Petersilie bestreuen.

- Die Muscheln entweder in der Pfanne servieren oder auf 4 Teller verteilen und jeweils mit etwas Kochsud begießen.

51

Antipasti und Cocktails

Tortino di peperoni e sarde

Paprika-Sardinen-Törtchen

Zutaten für 4 Personen:
- ***1 gelbe mittelgroße Paprikaschote***
- ***1 rote mittelgroße Paprikaschote***
- ***Salz***
- ***Pfeffer aus der Mühle***
- ***kalt gepresstes Olivenöl***
- ***ca. 100 g Semmelbrösel***
- ***1 Bund Basilikum***
- ***20 frische Sardinenfilets***
- ***grobes Meersalz***

- Die Grillfunktion des Backofens einschalten.

- Die Paprikaschoten waschen, halbieren und von den Samen befreien. In eine feuerfeste Form legen und im Backofen garen. Sobald die Haut Blasen wirft und braun wird, die Schoten herausnehmen und abkühlen lassen. Anschließend die Haut abziehen und das Fruchtfleisch in 2 cm breite Streifen schneiden. Mit Salz und Pfeffer würzen.

- 4 Förmchen aus Aluminium mit Öl auspinseln. Dabei kein überschüssiges Öl in den Förmchen belassen. Jeweils mit Semmelbröseln ausstreuen, so dass rundherum eine feine Schicht entsteht. Überschüssige Semmelbrösel ausschütten.

- Den Backofen auf 200 °C vorheizen.

- Das Basilikum waschen, trocken tupfen, die Blätter von den Stielen zupfen und fein hacken.

- Die Förmchen abwechselnd mit jeweils einer Schicht Paprikastreifen, Basilikum und Sardinenfilets füllen. Vorgang wiederholen, bis alle Zutaten aufgebraucht und die Förmchen bis zum Rand gefüllt sind.

- Die Törtchen 5 Min. im Ofen backen.

- Anschließend auf Teller stürzen, mit Meersalz bestreuen und heiß servieren.

53
Antipasti und Cocktails

Bruschetta al pomodoro e portulaca

Tomaten-Bruschetta mit Portulak

Zutaten für 4 Personen:
- *4 gleich große, vollreife Fleischtomaten*
- *kalt gepresstes Olivenöl*
- *Salz*
- *schwarzer Pfeffer aus der Mühle*
- *einige Blätter Portulak oder Basilikum*
- *8 Scheiben Toskanisches Weißbrot oder Ciabatta*

- Die Tomaten waschen, vom Stielansatz befreien und in etwa 1 cm dicke Scheiben schneiden. Die Scheiben auf einen Servierteller legen, mit Olivenöl beträufeln und mit Salz sowie Pfeffer würzen. Einige Blätter Portulak oder Basilikum darüberstreuen.

- Das Weißbrot in einer Grillpfanne beidseitig anrösten oder im Toaster goldbraun toasten. Die gerösteten Brotscheiben mit Tomatenscheiben belegen und das Ganze sofort servieren.

Hinweis: Portulak ist eine typische Pflanze der venezianischen Salzmarschen und deshalb nicht überall erhältlich. Sie können das Kraut durch Basilikum oder Schnittlauch ersetzen.

Pflanzen der Salzmarschen
Die Salzmarschen sind eine typische Landschaftsform der venezianischen Nordlagune, sie werden in regelmäßigen Abständen vom Meer überspült. Dort wachsen so genannte Salzwiesenpflanzen, die für einige Zeit in Salzwasser überleben können. Das verleiht ihnen einen ganz besonderen, charakteristischen Geschmack. Sie wurden früher zu speziellen Zwecken verwendet und es gibt sehr viele Sorten. Zum Beispiel wurde der Queller, eine Pflanze, die reich an Mineralien und Vitamin C ist, auf den Schiffen der Serenissima eingesetzt, um Skorbut vorzubeugen. Portulak hingegen enthält Calcium, Eisen sowie die Vitamine A, C und E. Das Kraut wird sowohl roh als auch gekocht gegessen.

55

Antipasti und Cocktails

Sauté di vongole

Sautierte Venusmuscheln

Zutaten für 4 Personen:
- ***2 kg Venusmuscheln***
- ***1 Knoblauchzehe***
- ***3 EL Olivenöl***
- ***200 ml trockener Weißwein***
- ***2–3 EL frisch gehackte Petersilie***
- ***Pfeffer aus der Mühle***
- ***geröstete Weißbrotwürfel***

- Die Muscheln sorgfältig unter fließendem kaltem Wasser waschen. Die Knoblauchzehe schälen.

- Das Olivenöl in einer Kasserolle erhitzen. Den Knoblauch darin anschwitzen. Die Hitze reduzieren und die Muscheln sowie den Weißwein hinzufügen. Den Herd abschalten, die Kasserolle mit einem Deckel verschließen und die Muscheln einige Min. garen, bis sie sich geöffnet haben. Muscheln, die sich beim Garen nicht öffnen, aussortieren und wegwerfen.

- Mit Pfeffer würzen, 100 ml Wasser und die Petersilie zugeben.

- Die Muscheln auf 4 tiefe, vorgewärmte Teller verteilen, jeweils mit gerösteten Weißbrotwürfeln bestreuen und servieren.

Tipp: Venusmuscheln enthalten häufig Reste von Sand. Um diesen zu entfernen, die Muscheln 2 bis 3 Std. in – mit grobem Meersalz – leicht gesalzenes Wasser legen. Das Wasser zwei bis drei Mal wechseln.

Variation: Geben Sie 100 ml Tomatenpüree aus der Flasche in den Topf, bevor Sie die Muscheln zufügen. Die Sauce einige Min. köcheln lassen. Danach mit dem Rezept wie oben beschrieben fortfahren. Das Muschelgericht (mit oder ohne Tomatensauce) kann auch mit frisch gekochten Spaghetti vermengt werden. Lassen Sie dann die Weißbrotwürfel weg.

Le Castraure

Die Artischocken von Sant'Erasmo

Eine kulinarische Spezialität Venedigs sind *Carciofo Violetto di Sant' Erasmo* – junge, violette Artischocken. Sie werden hauptsächlich auf der Insel Sant'Erasmo in der Nordlagune angebaut und auf dem Markt von Rialto und Tronchetto verkauft.
Als Delikatesse gelten „Castraure", die rohen Knospen der Artischocken, sie sind sehr zart und haben einen unvergleichlichen Geschmack. Die Knospen werden ab Ende April geerntet und sind nur 10 bis 15 Tage lang erhältlich.
Sant'Erasmo ist sozusagen der Gemüsegarten Venedigs. Auf der fruchtbaren Insel gedeihen neben Artischocken Tomaten, grüner Spargel, Paprika, Gurken, Bohnen sowie zahlreiche Salat- und Obstsorten. Die Bewässerung der Felder und Obstplantagen erfolgt über schmale Kanäle, die durch ein System von Schleusen mit dem Brackwasser der Lagune gefüllt werden.
Die Artischocken von Sant'Erasmo wurden aufgrund ihrer hervorragenden Qualität von der Vereinigung „Slow Food" auf die Liste der empfohlenen Produkte gesetzt.

Castraure panate

Artischocken im Teigmantel

Zutaten für 4 Personen:

- *6 violette Artischocken von Sant'Erasmo oder andere junge Artischocken*
- *75 g Reismehl*
- *25 g Speisestärke*
- *200 ml eisgekühltes, kohlensäurehaltiges Mineralwasser*
- *500 ml Öl zum Frittieren*
- *Salz*

- Die Artischocken von den äußeren harten Blättern befreien und die Spitzen mit einer Küchenschere abschneiden. Die Stiele bis auf einen Rest von 3–4 cm einkürzen. Das Gemüse halbieren und das „Heu" (die dünnen Fäden im Inneren) herausschneiden.

- Reismehl und Speisestärke in einer Schüssel vermengen. Nach und nach löffelweise das Mineralwasser einrühren, bis ein gleichmäßiger, nicht zu flüssiger Teig entsteht.

- Das Öl in einem hohen Topf auf 180 °C erhitzen. Die Artischocken mithilfe einer spitzen Gabel einzeln in den Teig tauchen und im Öl goldbraun frittieren.

- Mit einem Schaumlöffel herausheben und auf Küchenpapier abtropfen lassen. Die Artischocken leicht salzen und sofort servieren.

Cozze gratinate

Gratinierte Miesmuscheln

Zutaten für 4 Personen:
- *1 kg Miesmuscheln*
- *1 Knoblauchzehe*
- *kalt gepresstes Olivenöl*
- *200 ml trockener Weißwein*
- *100 g Semmelbrösel*
- *Pfeffer aus der Mühle*
- *Salz*
- *Zitronenspalten zum Servieren*

- Die Muscheln unter fließendem kaltem Wasser gründlich waschen. Die Schalen mit einer groben Bürste säubern und eventuelle Verkrustungen entfernen.

- Um ganz sicher zu gehen, dass alle Muscheln einwandfrei sind, diese für 2–3 Std. in kaltes Wasser legen. Muscheln, die sich danach leicht oder sogar zur Gänze geöffnet haben, unbedingt aussortieren und wegwerfen, denn nur gänzlich verschlossene Schalentiere sind garantiert frisch.

- Den Backofen auf 170 °C vorheizen.
  Die Knoblauchzehe schälen. In einer tiefen großen Pfanne einen Schuss Olivenöl erhitzen und die ganze Knoblauchzehe darin anschwitzen. Die Muscheln hinzufügen. Die Pfanne mit einem Deckel verschließen und das Ganze bei mittlerer Hitze einige Min. garen.

- Den Weißwein zufügen und die Muscheln offen kochen lassen, bis der Alkohol nahezu vollständig verdampft ist. Die Pfanne vom Herd nehmen und die Muscheln kurz abkühlen lassen.

- Muscheln, die sich beim Garen nicht geöffnet haben, ebenfalls aussortieren und wegwerfen. Von den übrigen die obere Schale entfernen und die unteren Schalen mitsamt Muschelfleisch auf ein Backblech legen.

- Das Muschelfleisch jeweils mit Semmelbröseln bestreuen und mit Salz sowie Pfeffer würzen. Die Muscheln etwa 20 Min. im Backofen gratinieren.

- Auf 4 tiefe Teller verteilen, jeweils mit einigen Zitronenspalten garnieren und sofort servieren.

>>>

Tipp: In unseren Breiten haben Miesmuscheln in den Monaten September bis April Saison.
Die alte Volksweisheit, in den Monaten ohne „r" keine Muscheln zu verzehren hat durchaus ihre Berechtigung. Denn zum einen laichen Muscheln in den Sommermonaten, was dazu führt, dass ihr Fleisch nicht so prall ist und weniger aromatisch schmeckt. Zum anderen blühen dann die Algen und bilden dabei Giftstoffe, die sich in Muscheln ablagern könnten. In jedem Fall sollten Sie frische Muscheln nur bei einem Fischhändler Ihres Vertrauens erwerben, am Tag des Einkaufs zubereiten und Exemplare, die sich beim Garen nicht öffnen, aussortieren.

Variation: Vermengen Sie die Semmelbrösel mit fein gehackter Petersilie und/oder fein gehacktem Knoblauch und verteilen Sie diese Mischung vor dem Gratinieren auf dem Muschelfleisch.

65
Antipasti und Cocktails

Sautè di cozze e vongole al pomodoro

Sautierte Venus- und Miesmuscheln mit Tomatensauce

Zutaten für 4 Personen:
- *1 kg Miesmuscheln*
- *1 kg Venusmuscheln*
- *100 ml trockener Weißwein*
- *3 Knoblauchzehen*
- *kalt gepresstes Olivenöl*
- *200 g gewürfelte Tomaten (frisch oder aus der Dose)*
- *Salz*
- *Pfeffer aus der Mühle*
- *4 EL frisch gehackte Petersilie*

Vorbereitung der Muscheln

- Die Muscheln unter fließendem kaltem Wasser gründlich waschen. Die Schalen mit einer groben Bürste säubern und eventuelle Verkrustungen entfernen.

- Um ganz sicher zu gehen, dass alle Muscheln einwandfrei sind, diese für 2–3 Std. in kaltes Wasser legen. Muscheln, die sich danach leicht oder sogar zur Gänze geöffnet haben, unbedingt aussortieren und wegwerfen, denn nur gänzlich verschlossene Schalentiere sind garantiert frisch.

Zubereitung

- Den Weißwein in einer großen Pfanne aufkochen lassen. Die Muscheln hinzufügen, die Pfanne mit einem Deckel verschließen und das Ganze einige Min. kochen lassen, bis sich alle Muscheln geöffnet haben. Muscheln, die sich beim Garen nicht geöffnet haben, aussortieren und wegwerfen.
  Die Muscheln mit einem Schaumlöffel herausnehmen und beiseitestellen. Den Kochsud durch ein feines Sieb abseihen und aufbewahren.

- Die Knoblauchzehen schälen. Einen Schuss Olivenöl in der Pfanne erhitzen und den Knoblauch darin glasig anschwitzen. Den Kochsud der Muscheln zufügen und kurz einkochen lassen.

>>>

- Die gewürfelten Tomaten hinzufügen und einige Min. köcheln lassen. Mit Salz würzen. Die Muscheln wieder in die Pfanne geben, erhitzen und vorsichtig mit der Tomatensauce vermengen.

- Mit Pfeffer aus der Mühle würzen und mit gehackter Petersilie bestreuen.

- Die Muscheln heiß servieren. Geröstetes, mit frischem Knoblauch eingeriebenes Weißbrot dazu reichen.

67

Antipasti und Cocktails

Canocchie al vapore

Im Dampf gegarte Heuschreckenkrebse

Zutaten für 4 Personen:
- *1 kg frische Heuschreckenkrebse, ersatzweise Garnelen*
- *kalt gepresstes Olivenöl*
- *Salz*
- *Pfeffer aus der Mühle*
- *etwas Zitronensaft*

- Die Krebse sorgfältig unter fließendem kaltem Wasser waschen.

- Die Krebse mit dem Rücken nach oben in einen Dämpfeinsatz legen und über kochendem Wasser zugedeckt 10–15 Min. garen. Dabei am besten portionsweise vorgehen, etwa die Krebse in drei Portionen teilen, sonst garen sie nicht gleichmäßig durch.

- Die Krebse anschließend kurz abkühlen lassen. Dann die Fühler am Kopf und die Beine am Bauch entfernen. Die Panzer mit einer spitzen Schere in dem Spalt zwischen oberer und unterer Panzerhälfte und am Schwanz einschneiden und das Krebsfleisch auslösen. Auch die Haut am Bauch entfernen.

- Das Krebsfleisch auf einem dekorativen Teller anrichten. Mit Olivenöl beträufeln und mit Salz sowie Pfeffer würzen. Zum Schluss mit einigen Spritzern Zitronensaft beträufeln. Sofort servieren.

Tipp: Bestellen Sie Heuschreckenkrebse im gut sortierten Fischfachhandel vor, sie sind nicht ohne Weiteres zu bekommen.

Scampi crudi con pepe rosa

Rohe Garnelen mit rosa Pfeffer

Zutaten für 4 Personen:
- 16 frische Riesengarnelen
- kalt gepresstes Olivenöl
- 2 TL rosa Pfefferkörner

- Die Garnelen unter fließendem Wasser gründlich säubern.

- Jeweils die Schale von Körper und Schwanzteil entfernen. Die Köpfe belassen.

- Pro Portion 4 Garnelen auf einen Teller geben. Mit Olivenöl beträufeln. Die Pfefferkörner in einem Mörser leicht andrücken, dann über die Garnelen streuen.

- Sofort servieren.

TONNO

73

Antipasti und Cocktails

Insalata di granseola

Seespinnensalat

Zutaten für 4 Personen:
- *1 EL grobes Meersalz*
- *4 Seespinnen à 500–800 g*
- *4 EL kalt gepresstes Olivenöl*
- *1–2 EL Zitronensaft*
- *2 EL frisch gehackte Petersilie*
- *Salz*
- *Pfeffer aus der Mühle*

- In einem großen Topf reichlich Wasser zum Kochen bringen, das Meersalz einstreuen und die Seespinnen darin 7–8 Min. garen. Anschließend mit einem Schaumlöffel aus dem Topf heben und abkühlen lassen.

- Sobald die Seespinnen nur noch zimmerwarm sind, jeweils den Panzer vorsichtig von der Unterseite her öffnen (dabei den oberen Teil nicht beschädigen, da darin der Salat serviert wird) und das Fleisch herauslösen. Etwaige orangefarbene Eier in eine extra Schüssel geben. Die Scheren vom Rumpf lösen und mit einem Nussknacker oder einer Zange vorsichtig öffnen. Das Fleisch herauslösen.

- Den oberen Teil der Schalen waschen und trocken tupfen. Das Meeresfrüchtefleisch mit den Händen in mundgerechte Stücke zerpflücken. In einer Schüssel mit Olivenöl, Zitronensaft, Petersilie, Salz und Pfeffer vermengen. Das Ganze gut durchmischen und dann auf die Schalenhälften verteilen. Jede Portion mit Rogen garnieren, soweit vorhanden.

- Den Seespinnensalat im Kühlschrank 30 Min. durchziehen lassen und anschließend servieren.

Hinweis: Seespinnen, auch Meerspinnen oder Dreieckskrabben genannt, sehen zwar etwas gruselig aus, ihr Fleisch ist aber eine wahre Delikatesse. In unseren Breiten sind sie meist nur auf Bestellung zu bekommen. Nehmen Sie am besten etwas größere Exemplare, dann lässt sich das Fleisch nach dem Garen einfacher und schneller aus Scheren und Rückenpanzer lösen. Beim Auslösen empfiehlt es sich, robuste Einmalhandschuhe zu tragen, da Körper und Beine der Seespinnen mit hakenartigen Borsten besetzt sind, an denen man sich verletzen könnte.

Crostini di baccalà mantecato

Crostini mit Stockfischcreme

Zutaten für 4 Personen:
- *250 g Stockfisch*
- *Salz*
- *1 Lorbeerblatt*
- *Saft von 1 Zitrone*
- *kalt gepresstes Olivenöl*
- *Pfeffer aus der Mühle*
- *1–2 EL frisch gehackte Petersilie*
- *8 Scheiben Weißbrot*

- Den Stockfisch 2 Tage lang in kaltem Wasser einweichen. Dabei das Wasser viermal täglich wechseln.

- Den Fisch in ein feuerfestes Gefäß legen, mit kochend heißem Wasser übergießen und einige Min. ziehen lassen. Danach von Haut sowie Gräten befreien und das Fischfleisch mit einer Gabel in mundgerechte Stücke zerteilen. In einen Topf mit kaltem Wasser geben. Etwas Salz, das Lorbeerblatt und den Zitronensaft hinzufügen. Das Ganze erhitzen und etwa 20 Min. offen köcheln lassen, dabei hin und wieder umrühren.

- Das Fischfleisch in einem Sieb abseihen. Den Sud dabei auffangen, er wird später eventuell zum Verdünnen der Creme benötigt.

- Das Fischfleisch in eine Schüssel geben. Unter laufendem, kräftigem Rühren mit einem Holzkochlöffel nach und nach Olivenöl zufügen. So lange rühren, bis eine homogene, glatte Creme entsteht. Sollte sie zu fest sein, ein wenig Kochsud zugeben. Mit Salz und Pfeffer würzen. Zum Schluss die Petersilie untermengen.

- Das Weißbrot toasten oder rösten und die Stockfischcreme darauf verstreichen. Sofort servieren.

Tipp: Die Herstellung der Creme sollte von Hand erfolgen, im Mixer zerfällt das Fischfleisch und verbindet sich nicht ausreichend mit dem Öl.

Hinweis: Traditionell wird Stockfischcreme auf in Stücke geschnittener, weißer Polenta (siehe Rezept Seite 213) serviert, die zuvor auf einem Blech im Ofen geröstet wurde.

Baccalà e stoccafisso

Baccalà und Stockfisch

In Italien stehen diese beiden Begriffe für ein und denselben Fisch: den arktischen norwegischen Kabeljau. Lediglich die Konservierungsart unterscheidet sich. Baccalà wird in Salz eingelegt. Das Einlegen in Salz, eine der ältesten Konservierungsmethoden für Lebensmittel, dehydriert den Fisch und macht ihn somit länger haltbar. Stockfisch hingegen wird an der Luft getrocknet. Hierfür werden die Fische ausgenommen, vom Kopf befreit, paarweise an den Schwanzflossen zusammengebunden und auf lange Holzgestelle gehängt. Mehrere Wochen wird er dem salzigen Meerwind ausgesetzt. Auf diese Weise verliert er etwa 70 % Wasser. Die wichtigen Nährstoffe des frischen Fisches bleiben jedoch erhalten.

Der Legende nach soll Stockfisch durch Kapitän Pietro Querini in Venedig Einzug gehalten haben, der mit seiner Flotte 1432 in Norwegen, in der Nähe der Lofoteninseln, Schiffbruch erlitt. Hier machte er Bekanntschaft mit getrocknetem Kabeljau, den er sofort mit nach Hause nahm. Dank der einfachen Konservierung und Lagerung verbreitete sich der Stockfisch rasch im gesamten venezianischen Raum. Im Veneto wird getrockneter Kabeljau zwar Baccalà genannt, der klassische „Baccalà aus Vicenza" wird aber genau genommen mit Stockfisch zubereitet. Sowohl Baccalà als auch Stockfisch müssen vor der Verwendung mehrere Tage in kaltem Wasser eingelegt werden. Bei Baccalà dient das Einweichen dazu, überschüssiges Salz auszuschwemmen; bei Stockfisch wird das trockene, harte Fleisch durch das Wässern wieder weich und nimmt zudem erheblich an Volumen zu.
In Gegenden, in denen das Leitungswasser stark gechlort ist, sollte man Stockfisch in stillem Mineralwasser einlegen. Der Fisch wird in Verbindung mit Chlor bitter. Vor dem Wässern wird Stockfisch oft mit einem Holzhammer weich geklopft.

Durch den starken Rückgang der Kabeljaubestände in den letzten Jahrzehnten ist klassischer Stockfisch heute relativ teuer geworden und wird seinem Ruf als Arme-Leute-Essen nicht mehr ganz gerecht.

Insalata con le schie

Krabbensalat

Zutaten für 4 Personen:
- *400 g frische Sandgarnelen (Garnelen aus der Lagune, ersatzweise frische Nordseegarnelen*
- *1 TL grobes Meersalz*
- *200 g Rucola*
- *1 Bund Petersilie*
- *kalt gepresstes Olivenöl*
- *Salz*
- *Pfeffer aus der Mühle*

- Die Sandgarnelen sorgfältig unter fließendem kaltem Wasser waschen.

- 1,5 l Wasser in einem Topf zum Kochen bringen. Das Meersalz zufügen und dann die Garnelen. Das Ganze einmal aufkochen lassen. Die Garnelen abseihen und abkühlen lassen.

- Die Rucolablätter waschen, trocken schleudern und jeweils als Bett auf 4 tiefe Teller verteilen.

- Die Petersilie waschen, trocken tupfen, die Blätter von den Stielen zupfen und fein hacken.

- Die Garnelen schälen und das ausgelöste Fleisch in eine Schüssel geben. Mit etwas Olivenöl, einer Prise Salz, Petersilie und etwas Pfeffer aus der Mühle vermengen. Den Salat nochmals gut durchmischen, jeweils auf einem Rucolabett anrichten und sofort servieren.

Verdure pastellate fritte

Frittiertes Gemüse im Teigmantel

Zutaten für 4 Personen:

Für den Teig

- ***2 Eier***
- ***200 g Mehl Type 405***
- ***Salz***
- ***200 ml kaltes, helles Bier oder kohlensäurehaltiges Mineralwasser***

Für das Gemüse

- ***1 Zucchini***
- ***1 frische Artischocke***
- ***1 kleiner Blumenkohl***
- ***1 Fenchelknolle***
- ***1 Karotte***
- ***1 kleine, grüne Paprikaschote***
- ***1 kleine Aubergine***
- ***1 mittelgroße Zwiebel***
- ***ca. 2,5 l Pflanzenöl zum Frittieren***

- Für den Teig die Eier trennen. Die Eigelbe mit dem Mehl und etwas Salz in einer Schüssel verrühren. Nach und nach Bier oder Mineralwasser unterrühren, bis ein flüssiger, klümpchenfreier Teig entsteht. Die Schüssel mit einem Tuch abdecken und den Teig im Kühlschrank ruhen lassen.

- Das Gemüse putzen und waschen bzw. schälen. In mundgerechte, nicht zu kleine Scheiben oder Streifen schneiden.

- Die Eiweiße zu Schnee schlagen und diesen vorsichtig unter den Teig ziehen.

- Das Öl in einer Fritteuse oder in einem großen Topf auf ca. 180 °C erhitzen. Die Gemüsescheiben oder -streifen auf einer Gabel einzeln durch den Teig ziehen und im Öl portionsweise goldgelb frittieren. Nicht zu viel Gemüse auf einmal frittieren, sonst kühlt das Öl zu stark ab.
  Mit einem Schaumlöffel herausheben und auf Küchenpapier abtropfen lassen. Salzen und sofort heiß servieren.

Tipp: Wenn Sie Bier anstelle von Mineralwasser für den Teig verwenden, wird er beim Ausbacken knuspriger und schmeckt würziger.

Fritto misto

Frittierte Meeresfrüchte

Zutaten für 4 Personen:
- *4 kleine, frische Garnelen*
- *500 g geschälte Riesengarnelen*
- *500 g frischer, küchenfertiger Tintenfisch (Kalmar)*
- *4 Filets vom Petersfisch*
- *Salz*
- *Pfeffer aus der Mühle*
- *100–150 g Mehl Type 405*
- *2,5 l Erdnussöl zum Frittieren*

- Die kleinen Garnelen schälen, den dunklen Darm entfernen und jeweils das Schwanzstück an der Unterseite einschneiden, damit es sich beim Ausbacken nicht krümmt. Die Riesengarnelen kurz kalt abbrausen und trocken tupfen. Die Tintenfische gründlich unter fließendem Wasser waschen und gut abtropfen lassen. In nicht zu feine Ringe schneiden. Die Petersfischfilets in mittelgroße Stücke schneiden und von eventuellen Gräten befreien.
  Meerestiere und Fisch salzen, pfeffern und vorsichtig in Mehl wälzen.

- Das Erdnussöl in einer großen Pfanne (möglichst aus Gusseisen) auf ca. 180 °C erhitzen. Fischstücke sowie Meeresfrüchte darin nach Sorten getrennt und portionsweise goldbraun frittieren. Die Trennung nach Sorten ist wichtig, weil Fisch, Garnelen und Tintenfisch unterschiedliche Garzeiten haben.

- Fertig frittierte Stücke mit einem Schaumlöffel herausheben, in eine mit Küchenpapier ausgelegte Terrine legen und im Ofen bei 80 °C warm halten.

- Das Fritto misto nochmals leicht salzen und heiß servieren.

>>>

Tipp: Beim Frittieren ergeben sich meist zwei Probleme. Das erste betrifft die richtige Temperatur des Öls. Ist es nicht heiß genug, wird das Gargut nicht knusprig, ist es zu heiß, verbrennt die Kruste, während das Innere von Fisch und Meeresfrüchten vielleicht noch roh ist. Das zweite Problem sind die Fettspritzer, die nicht nur den Herd verunstalten, sondern auch die Kleidung des Kochs.
Hier schaffen Zahnstocher aus Holz Abhilfe.
Um zu prüfen, ob das Öl die richtige Temperatur erreicht hat, einen hölzernen Zahnstocher hineinhalten. Steigen am Holz kleine Blasen auf, ist das Öl ausreichend heiß. Herkömmliche Bratenthermometer sind nicht hitzebeständig und deshalb zum Prüfen der Öltemperatur ungeeignet.
Um zu vermeiden, dass das Öl beim Frittieren zu stark spritzt, einfach 2 bis 3 Zahnstocher im Öl schwimmen lassen.

Mozzarella in carrozza

Gebackener Mozzarella

Zutaten für 4 Personen:

Für den Mozzarella

- **8 in Öl eingelegte Sardellen**
- **250 g Mozzarella (ca. 2 Kugeln)**
- **8 Scheiben frisches, weißes Kastenbrot**

Für den Teig

- **200 g Mehl Type 405**
- **1 TL Trockenhefe**
- **1 Prise Zucker**
- **1 Prise Salz**
- **kohlensäurehaltiges Mineralwasser**
- **1 l Maiskeimöl zum Frittieren**

- Für den Teig 150 g Mehl, Hefe, Zucker und Salz in einer Schüssel vermischen. So viel Mineralwasser unterrühren, bis ein flüssiger Teig entsteht. Die Schüssel abdecken und den Teig 2 Std. im Kühlschrank ruhen lassen.

- Restliches Mehl in einen tiefen Teller geben.

- Die Sardellen in ein Sieb geben, abtropfen lassen und halbieren. Den Mozzarella ebenfalls abtropfen lassen und in insgesamt 8 Scheiben schneiden. Jede Scheibe halbieren. Das Weißbrot entrinden und jede Scheibe diagonal halbieren, so dass sich gleich große Dreiecke ergeben. Jedes Dreieck mit einer halben Scheibe Mozzarella und einer Sardellenhälfte belegen. Mit einem Weißbrotdreieck abschließen.

- Die so entstandenen Sandwiches gut zusammendrücken und die Ränder in das Mehl im Teller tauchen, damit beim Frittieren keine Füllung austritt.

- Das Öl in einem großen Topf mittelstark erhitzen. Die Sandwiches jeweils auf eine große Gabel stecken, durch den Teig ziehen und im Öl pro Seite in ca. 4 Min. goldbraun frittieren.

- Auf Küchenpapier abtropfen lassen und heiß servieren.

Moscardini bolliti

Gekochte Moschuskraken

Zutaten für 4 Personen:

- ***12 frische Moschuskraken (kleine Tintenfische)***
- ***2 Stangen Sellerie***
- ***1 TL grobes Meersalz***
- ***1 Fischbrühwürfel***
- ***kalt gepresstes Olivenöl***
- ***4 Zitronenspalten***

- Die Moschuskraken sorgfältig unter fließendem kaltem Wasser waschen und darauf achten, dass kein Sand in den Tentakeln verbleibt.

- Den Stangensellerie waschen, putzen und in feine Stücke schneiden. Einen großen Topf mit 3 bis 4 l Wasser füllen. Meersalz, den Sellerie und den Fischbrühwürfel hinzufügen.

- Das Wasser zum Kochen bringen. Die Kraken einzeln mit den Tentakeln nach unten vorsichtig in das kochende Wasser tauchen, bis sich die Tentakel aufrollen. Danach jeweils den ganzen Tintenfisch in das Wasser gleiten lassen.

- Die Kraken halb zugedeckt etwa 25 Min. kochen lassen. Anschließend abseihen und auf 4 vorgewärmte Teller verteilen.

- Jede Portion mit Olivenöl beträufeln und mit einer Zitronenspalte versehen. Sofort servieren.

Tipp: Frische Moschuskraken sollten Sie bei Ihrem Fischhändler vorbestellen. In griechischen und italienischen Feinkostläden gibt es sie manchmal eingelegt oder als Dosenware.

Primi piatti

Pasta und Risotto

93

Pasta und Risotto

Risotto con le castraure

Risotto mit Artischocken

Zutaten für 4 Personen:
- ***1 l Hühnerbrühe***
- ***8 kleine, frische Artischocken, z.B. von Sant'Erasmo***
- ***4 EL kalt gepresstes Olivenöl***
- ***2 Schalotten***
- ***320 g Risottoreis, z.B. Vialone Nano***
- ***100 ml trockener Weißwein***
- ***Salz***
- ***Pfeffer aus der Mühle***

- Die Hühnerbrühe erhitzen.

- Die Artischocken waschen. Die äußeren Blätter entfernen und von allen anderen Blättern die Spitzen mit einer Küchenschere abschneiden. Die Stiele bis auf einen Rest von 3–4 cm einkürzen. Die Artischocken quer in Scheiben schneiden. 1 EL Olivenöl in einer Pfanne erhitzen und die Artischockenscheiben darin etwa 10 Min. dünsten, bis sie weich sind. Danach beiseitestellen.

- Die Schalotten schälen und fein hacken. Restliches Olivenöl in einem großen Topf mittelstark erhitzen und die Schalotten unter gelegentlichem Rühren darin anschwitzen. Den Reis hinzufügen und unter Rühren ebenfalls anschwitzen, bis die Körner glasig und rundherum von Öl überzogen sind.

- Mit Weißwein ablöschen und diesen einkochen lassen.

- Einen Schöpflöffel heiße Brühe in den Topf geben und so lange rühren, bis der Reis die Flüssigkeit vollständig aufgesogen hat. Diesen Vorgang mehrmals wiederholen, bis der Reis in 18–20 Min. gar ist, aber noch etwas Biss hat. Dabei laufend rühren, Risotto erfordert ständige Aufsicht, sonst setzt der Reis am Boden an.

- Zum Schluss die gedünsteten Artischocken vorsichtig unterrühren. Mit Salz und Pfeffer abschmecken und sofort servieren.

Tipp: Nach Belieben können Sie kurz vor dem Servieren noch 90 g frisch geriebenen Parmesan unter den Risotto rühren, dann wird er cremiger. Bei Zugabe von Parmesan vorsichtig salzen – Parmesan enthält relativ viel Salz.

Risotto con scampi e carciofi

Risotto mit Scampi und Artischocken

Zutaten für 4 Personen:

- ***4 kleine, frische Artischocken, z.B. von Sant'Erasmo***
- ***1 Zwiebel***
- ***1 EL Butter***
- ***Salz***
- ***Pfeffer aus der Mühle***
- ***8 mittelgroße, frische Scampi (Kaisergranate)***
- ***1 l Gemüsebrühe***
- ***3 EL kalt gepresstes Olivenöl***
- ***320 g Risottoreis, z.B. Vialone Nano***
- ***200 ml trockener Weißwein***

- Die Artischocken waschen. Die äußeren Blätter entfernen und von allen anderen Blättern die Spitzen mit einer Küchenschere abschneiden. Die Stiele bis auf einen Rest von 3–4 cm einkürzen. Die Artischocken quer in feine Scheiben schneiden. Die Zwiebel schälen und fein hacken. In einer Pfanne die Butter erhitzen und die Zwiebel darin anschwitzen. Sobald die Zwiebel glasig ist, die Artischockenscheiben hinzufügen. Mit Salz und Pfeffer würzen und zugedeckt bei niedriger Hitze etwa 20 Min. garen.

- Inzwischen die Scampi unter fließendem Wasser waschen. Die Schale der Schwänze an der Unterseite aufbrechen und entfernen. Den dunklen Darm jeweils mit einer Pinzette herausziehen.

- Die Gemüsebrühe erhitzen. 2 Esslöffel Olivenöl in einem großen Topf erhitzen. Den Reis hinzufügen und unter Rühren anschwitzen, bis die Körner glasig und rundherum von Öl überzogen sind. Mit Weißwein ablöschen und diesen einkochen lassen.

- Einen Schöpflöffel heiße Brühe in den Topf geben und so lange rühren, bis der Reis die Flüssigkeit vollständig aufgesogen hat. Diesen Vorgang mehrmals wiederholen. Nach etwa 10 Min. Garzeit die Artischocken-Zwiebel-Mischung hinzufügen. Nach weiteren 5 Min. die Scampi dazugeben. Den Reis unter Zugabe von Brühe noch ca. 10 Min. garen.

- Kurz vor dem Servieren das restliche Olivenöl untermischen. Den Risotto noch kurz ziehen lassen und dann auf 4 Teller verteilen.

97

Pasta und Risotto

Bigoli in salsa

Dicke Spaghetti mit Sardellen

Zutaten für 4 Personen:
- *2 große Zwiebeln*
- *100 ml kalt gepresstes Olivenöl*
- *8 eingelegte Sardellen (aus dem Glas)*
- *Salz*
- *400 g dicke Spaghetti (Bigoli)*
- *schwarzer Pfeffer aus der Mühle*

- Die Zwiebeln schälen und fein hacken. Das Olivenöl in einer großen Pfanne mittelstark erhitzen. Die Zwiebel darin anschwitzen und anschließend bei geringer Hitze zugedeckt weich dünsten.

- Die Sardellen kalt abspülen. Zu den Zwiebeln geben und so lange garen, bis sie zerfallen.

- Reichlich Salzwasser zum Kochen bringen und die Spaghetti nach Packungsanweisung darin bissfest garen. Die Sardellensauce mit 2 bis 3 Esslöffeln Kochwasser verdünnen und leicht salzen.

- Die Nudeln abseihen und in die Pfanne mit den Sardellen geben. Kräftig mit Pfeffer aus der Mühle würzen und das Ganze gut durchmischen.

- Sofort servieren.

Hinweis: „Bigoli in Salsa“ werden in Italien traditionell an Fastentagen wie dem Vorweihnachtstag, an Aschermittwoch oder am Karfreitag gegessen.

99
Pasta und Risotto

Pappardelle con rucola, scampi e ricotta affumicata

Pappardelle mit Rucola, Garnelen und geräuchertem Ricotta

Zutaten für 4 Personen:
- *1 Knoblauchzehe*
- *1 Schalotte*
- *4 EL kalt gepresstes Olivenöl*
- *50 g Rucola*
- *300 g geschälte Garnelenschwänze*
- *200 ml trockener Weißwein*
- *400 g frische Bandnudeln (Pappardelle)*
- *50 g geräucherter Ricotta*
- *Salz*
- *Pfeffer aus der Mühle*

- Das Wasser für die Nudeln aufstellen. Knoblauchzehe und Schalotte schälen. Die Schalotte fein hacken, den Knoblauch ganz belassen. Das Olivenöl in einer großen Pfanne erhitzen. Knoblauch sowie Schalotte darin anschwitzen.

- Den Rucola waschen, abtropfen lassen und fein schneiden.

- Garnelenschwänze, Weißwein und Rucola in die Pfanne geben. Das Ganze gut vermischen. Den Ricotta durch ein feines Sieb in die Pfanne streichen oder durch eine Kartoffelpresse dazudrücken.

- Das Nudelwasser salzen, sobald es kocht. Die Nudeln darin 3 bis 4 Min. garen. Anschließend abseihen und in die Pfanne mit den Garnelenschwänzen geben. Das Ganze gut vermengen.

- Die Pappardelle mit schwarzem Pfeffer übermahlen und sofort servieren.

Tipp: Frische Nudeln erhalten Sie in italienischen Feinkostgeschäften. Sie haben eine wesentlich geringere Garzeit als getrocknete. Geräucherter Ricotta *(Ricotta affumicata)* wird in Kuchenform angeboten, hat eine festere Struktur als frischer und einen kräftigen Rauchgeschmack.

Tagliolini con granseola e pomodorini

Tagliolini mit Seespinne und Tomaten

Zutaten für 4 Personen:
- *2 mittelgroße Seespinnen*
- *Salz*
- *1 Knoblauchzehe*
- *20–25 vollreife Cocktailtomaten*
- *2 EL kalt gepresstes Olivenöl*
- *100 ml trockener Weißwein*
- *schwarzer Pfeffer aus der Mühle*
- *400 g dünne Spaghetti (Tagliolini)*

- Reichlich Wasser in einem großen Topf erhitzen. Die Seespinnen gründlich unter fließendem kaltem Wasser waschen. Sobald das Wasser kocht, dieses salzen und die Seespinnen darin etwa 20 Min. garen. Abgießen, abkühlen lassen und mit Hilfe eines Nussknackers oder einer Zange jeweils den Panzer und die Scheren öffnen. Das Fleisch auslösen.

- Wasser für die Nudeln aufsetzen. Die Knoblauchzehe schälen. Die Tomaten waschen und grob hacken.

- Olivenöl in einem Topf erhitzen und die Knoblauchzehe darin glasig schwitzen. Das ausgelöste Fleisch der Seespinnen zufügen und 2 bis 3 Min. garen. Die Temperatur erhöhen, mit Weißwein ablöschen und den Alkohol einkochen lassen. Die Tomaten unterrühren und einige Min. köcheln lassen. Die Sauce mit Salz sowie Pfeffer würzen. Beiseitestellen.

- Das kochende Nudelwasser salzen und die Tagliolini darin nach Packungsanweisung bissfest garen. Einen Schöpflöffel Kochwasser unter die Sauce rühren und diese nochmals erhitzen.

- Die Spaghetti abseihen und rasch, aber gründlich unter die Sauce mengen. Das Ganze mit schwarzem Pfeffer übermahlen und sofort servieren.

103
Pasta und Risotto

Pasta con cozze e portulaca

Pasta mit Miesmuscheln und Portulak

Zutaten für 4 Personen:
- ***1 kg Miesmuscheln***
- ***1 Zweig Portulak (ersatzweise einige Blätter Basilikum)***
- ***1 Knoblauchzehe***
- ***kalt gepresstes Olivenöl***
- ***200 ml trockener Weißwein***
- ***400 g Eiernudeln***
- ***Salz***
- ***Pfeffer aus der Mühle***

- Die Miesmuscheln sorgfältig unter fließendem Wasser abbürsten. Muscheln, die sich bereits leicht geöffnet haben, aussortieren und wegwerfen.

- Den Portulak waschen, trocken tupfen und die Blätter abzupfen. Beiseitelegen.

- Den Knoblauch schälen. In einer großen Pfanne etwas Olivenöl erhitzen und den Knoblauch darin anschwitzen. Die Muscheln dazugeben und unter Rühren einige Min. garen. Mit Weißwein ablöschen, die Pfanne mit einem Deckel verschließen und die Muscheln bei mittlerer Hitze so lange kochen, bis sie sich öffnen. Muscheln, die sich beim Garen nicht öffnen, aussortieren und entfernen. Die Muscheln abgießen, dabei den Kochsud auffangen.

- Wasser für die Nudeln aufsetzen.

- Das Muschelfleisch aus den Schalen lösen. Gemeinsam mit etwas Olivenöl in einen großen Topf geben. Das kochende Nudelwasser salzen und die Eiernudeln darin bissfest garen.

- Anschließend abseihen und in den Topf mit dem Muschelfleisch geben. Das Ganze erhitzen. Den Kochsud der Muscheln zugeben und alles gut vermengen. Die Mischung etwa 1 Min. köcheln lassen.

- Mit Salz und Pfeffer würzen. Den Portulak untermengen und das Gericht umgehend servieren.

105
Pasta und Risotto

Bavette con sarde e cipollotti

Pasta mit Sardinen und Frühlingszwiebeln

Zutaten für 4 Personen:

- *400 g Frühlingszwiebeln*
- *20 frische, küchenfertige Sardinenfilets*
- *320 g schmale Bandnudeln (Bavette)*
- *4 EL kalt gepresstes Olivenöl*
- *1 Bund Basilikum*
- *Salz*
- *Pfeffer aus der Mühle*

- Die Frühlingszwiebeln putzen. Das Weiße fein hacken, das Grüne anderweitig verwenden. Die Sardinenfilets von etwaigen Gräten befreien und fein hacken. Das Basilikum waschen, abtropfen lassen, die Blätter von den Stielen zupfen und fein schneiden.

- Reichlich Wasser für die Nudeln erhitzen. Sobald es kocht, salzen und die Bavette nach Packungsanweisung darin bissfest garen.

- Inzwischen 2 Esslöffel Olivenöl in einer großen Pfanne erhitzen. Die Frühlingszwiebeln darin anschwitzen. Sardinen sowie Basilikum hinzufügen und ca. 5 Min. garen.

- Die Nudeln abseihen, in die Pfanne mit den Sardinen geben und gut damit vermengen. Restliches Olivenöl unterrühren, salzen und pfeffern. Das Ganze nochmals gut durchmischen.

- Die Bavette sofort in tiefen Tellern servieren.

Angelo

109

Pasta und Risotto

Pasta e fagioli

Pasta mit Bohnen

Zutaten für 4 Personen:
- ***400 g getrocknete Lamon Bohnen (s. Hinweis)***
- ***1 Zwiebel***
- ***1 Knoblauchzehe***
- ***2–3 vollreife Tomaten***
- ***1 Chilischote***
- ***Salz***
- ***200 g Ditalini (kurze, dicke Röhrennudeln)***
- ***Pfeffer aus der Mühle***
- ***kalt gepresstes Olivenöl***

- Die Bohnen über Nacht in kaltem Wasser einweichen. Am nächsten Tag abgießen.

- Die Zwiebel schälen und fein hacken. Die Knoblauchzehe ebenfalls schälen. Die Tomaten waschen, vom Stielansatz befreien und würfeln.

- Zwiebel, Knoblauch, Tomaten, Chilischote und Bohnen in einen großen Topf geben. Mit kaltem Wasser auffüllen, bis alle Zutaten bedeckt sind. Zum Kochen bringen. Die Hitze reduzieren und das Gemüse zugedeckt etwa 1 Std. köcheln lassen, bis die Bohnen weich sind. Gelegentlich umrühren, damit nichts am Topfboden ansetzt.

- 15 Min. vor Ende der Garzeit reichlich Wasser für die Nudeln aufstellen. Sobald es kocht, salzen und die Ditalini nach Packungsanweisung darin bissfest garen.

- Die Knoblauchzehe entfernen. Die Hälfte des Bohnengemüses mit einem Pürierstab cremig pürieren. In einen großen Topf geben. Restliche Bohnen beiseitestellen.

- Kurz vor Ende der Garzeit der Nudeln die Bohnencreme erhitzen. Die Nudeln abseihen und untermengen. Die ganzen Bohnen zufügen und das Ganze mit Salz und Pfeffer abschmecken. Einen Schuss Olivenöl untermischen und das Gericht heiß servieren. Geröstete Brotscheiben dazu reichen.

Hinweis: Lamon Bohnen stammen aus dem gleichnamigen Ort Lamon in Venetien. Die schwarz oder braun gesprenkelten Bohnen werden dort seit Jahrhunderten angebaut und sind besonders schmackhaft. Ersatzweise können Sie natürlich auch herkömmliche weiße Bohnen verwenden. Hülsenfrüchte sollten erst nach dem Garen gesalzen werden, sonst werden sie nicht weich.

111

Pasta und Risotto

Risotto agli scampi

Risotto mit Scampi

Zutaten für 4 Personen:
- ***1 Knoblauchzehe***
- ***ca. 10 vollreife Cocktailtomaten***
- ***1 l Fischfond oder -brühe***
- ***4 EL kalt gepresstes Olivenöl***
- ***300 g Scampischwänze mit Schale***
- ***50 ml Brandy***
- ***320 g Risottoreis, z.B. Vialone Nano***
- ***Salz***
- ***weißer Pfeffer aus der Mühle***
- ***1 EL Butter***
- ***2–3 EL frisch geriebener Parmesan***

- Den Knoblauch schälen. Die Tomaten waschen und fein würfeln. Fischfond oder -brühe erhitzen.

- 2 Esslöffel Olivenöl in einem großen Topf erhitzen und den Knoblauch darin anschwitzen. Dann die Scampischwänze hinzufügen und unter Rühren einige Min. anbraten. Mit Brandy ablöschen und diesen anzünden, damit der Alkohol entweicht.

- Die Tomaten hinzugeben. Einige Min. köcheln lassen. Den Topf vom Herd nehmen und die Knoblauchzehe entfernen.

- Restliches Olivenöl in einer großen Pfanne erhitzen. Den Reis hinzufügen und unter Rühren anschwitzen, bis die Körner glasig und rundherum von Öl überzogen sind.

- Die Scampischwänze mitsamt der Sauce untermischen. Mit Salz und Pfeffer würzen. Einen Schöpflöffel Fischfond oder -brühe in die Pfanne geben und so lange rühren, bis der Reis die Flüssigkeit vollständig aufgesogen hat. Diesen Vorgang mehrmals wiederholen, bis der Reis nach 15 bis 20 Min. bissfest ist.

- Butter und Parmesan gründlich unterrühren. Den Risotto sofort in tiefen Tellern servieren.

Tipp: Damit der Risotto schön cremig wird, den Parmesan zum Schluss kräftig und zügig unterrühren.

113

Pasta und Risotto

Tagliatelle al nero di seppia con canocchie

Schwarze Tagliatelle mit Heuschreckenkrebsen

Zutaten für 4 Personen:

Für den Nudelteig

- **200 g Mehl Type 405**
- **2 Eier**
- **2 Beutel Tintenfischtinte (à 4 g)**
- **Salz**
- **Mehl zum Bestäuben**

Für die Sauce

- **16 Heuschreckenkrebse (ersatzweise kleine Garnelen)**
- **½ Bund Petersilie**
- **1 Knoblauchzehe**
- **14–16 vollreife Cocktailtomaten, z.B. Pachino aus Sizilien**
- **kalt gepresstes Olivenöl**
- **2 Chilischoten**
- **200 ml trockener Weißwein**
- **schwarzer Pfeffer aus der Mühle**

Zubereitung der Nudeln

- Das Mehl auf ein Arbeitsbrett häufen. In die Mitte eine Mulde drücken, die Eier hineinschlagen, Tintenfischtinte und eine Prise Salz hineingeben. Das Ganze mit beiden Händen vermengen und so lange verkneten, bis ein weicher, glatter Teig entsteht. Auf eine Arbeitsfläche etwas Mehl streuen. Den Teig zur Kugel formen, auf die bemehlte Fläche legen, mit einem Geschirrtuch abdecken und 1 Std. ruhen lassen.

- Anschließend den Teig mit Hilfe eines gründlich bemehlten Rollholzes dünn ausrollen. Die Teigfläche aufrollen und mit einem scharfen Messer in 0,5 cm dicke Streifen schneiden. Die Streifen auseinanderziehen, damit lange Bandnudeln entstehen. Diese jeweils gebündelt zu einem Nest formen und leicht mit Mehl bestäuben.

Zubereitung der Sauce

- Die Heuschreckenkrebse sorgfältig unter fließendem kaltem Wasser waschen. Die Köpfe entfernen – das geht am besten durch eine rasche Drehung. Jeweils in der Mitte des Rückens die Schale einschneiden und das Schwanzstück auslösen.

- Die Petersilie waschen, trocken schütteln, die Blätter von den Stielen zupfen und fein hacken. Beiseitestellen.

- Den Knoblauch schälen. Die Tomaten waschen, vom Stielansatz befreien und halbieren. Reichlich Wasser für die Nudeln aufstellen.

>>>

- In einer Pfanne einen Schuss Olivenöl erhitzen und den Knoblauch sowie die Chilischoten kurz darin anschwitzen. Die ausgelösten Krebsschwänze hinzufügen und einige Min. unter Rühren anbraten. Mit Weißwein ablöschen. Sobald der Alkohol verdampft ist, die Tomaten untermischen. Salzen, pfeffern und noch einige Min. köcheln lassen.

- Inzwischen das kochende Nudelwasser salzen und die Tagliatelle darin etwa 2 Min. garen. Dann abseihen und in die Pfanne mit der Sauce geben.

- Das Ganze gründlich vermischen, damit die Nudeln die Sauce gut aufnehmen. Die Tagliatelle auf 4 vorgewärmte Teller verteilen. Jeweils mit Petersilie bestreuen und sofort heiß servieren.

Hinweis:
Pachino Tomaten schmecken besonders aromatisch. Sie stammen aus dem gleichnamigen Ort in der Provinz Syrakus auf Sizilien. Die Pachino Tomate wurde erstmals 1925 angebaut und erfreut sich seit den 1970er Jahren wachsender Beliebtheit, da sie ein sehr festes Fleisch und einen hohen Zuckergehalt besitzt. Fragen Sie Ihren Gemüsehändler nach dieser Sorte, die auch in unseren Breiten ganzjährig angeboten wird.

Der unvergleichliche Geschmack wird sie überzeugen!

Tipps: Tintenfischtinte können Sie über das Internet bestellen oder bei Ihrem Fischhändler kaufen. In der Regel werden Packungen mit 4 Portionsbeuteln à 4 g angeboten. Die Tinte ist ungekühlt bis zu 4 Monate haltbar und eignet sich wunderbar zum Färben und Aromatisieren von Nudelteigen und Risotto.

Wenn Sie eine Nudelmaschine besitzen, lässt sich der Teig natürlich einfacher dünn ausrollen. Den Nudelteig unbedingt portionsweise verarbeiten: den Teig vierteln und einen Teil zu einem flachen Quadrat formen. Den restlichen Teig in Frischhaltefolie wickeln, damit er nicht trocken wird. Das Teigpäckchen durch die Nudelmaschine walzen. Das macht man am besten zu zweit. Zwischendurch immer wieder mit etwas Mehl bestäuben. Mit der niedrigsten Zahl an der Nudelwalze beginnen und stufenweise immer dünner walzen. So reißt der Teig nicht und lässt sich gut verarbeiten. Die entstandenen Teigbahnen mit einem Messer in 0,5 cm dicke Streifen schneiden und diese gebündelt zu Nestern formen.

115
Pasta und Risotto

Spaghetti alla busara

Spaghetti „Busara“

Zutaten für 4 Personen:
- *2 Knoblauchzehen*
- *600 g Garnelen mit Schale*
- *4 EL kalt gepresstes Olivenöl*
- *4 EL Tomatenpüree aus der Flasche*
- *100 ml trockener Weißwein*
- *Salz*
- *schwarzer Pfeffer aus der Mühle*
- *Chilipulver*
- *400 g Spaghetti*
- *4–5 EL Semmelbrösel*

- Die Knoblauchzehen schälen. Die Garnelen sorgfältig unter kaltem Wasser waschen. Das Olivenöl in einer großen Pfanne erhitzen. Den Knoblauch darin anschwitzen. Die Garnelen hinzufügen und einige Min. anbraten.

- Tomatenpüree sowie Weißwein zugeben und das Ganze etwa 10 Min. köcheln lassen. Dabei mehrfach umrühren. Mit Salz, Pfeffer und Chilipulver würzen.

- In der Zwischenzeit reichlich Wasser für die Nudeln zum Kochen bringen. Sobald es kocht, salzen und die Spaghetti darin bissfest garen.

- Die Semmelbrösel unter die Garnelen mengen – sie sorgen dafür, dass die Sauce nicht zu dünnflüssig wird. Die Spaghetti abseihen, in die Pfanne geben und gründlich mit dem Pfanneninhalt vermischen.

- Die Spaghetti Busara auf 4 vorgewärmte Teller verteilen. Dabei darauf achten, dass jede Portion die gleiche Garnelenanzahl erhält. Sofort servieren.

119
Pasta und Risotto

Il go (o ghiozzo)

Der Grundelfisch

Die Familie der Grundeln, von der es über 1500 Arten gibt, zählt nicht zu den Edelfischen. Diese Fische sind in der Gastronomie daher weder besonders geschätzt noch begehrt, doch die Köche von Burano bereiten damit ein ausgezeichnetes Risotto zu.
Grundeln sind verhältnismäßig klein; sie werden im Schnitt maximal 10 Zentimeter lang und sind oft Beute von größeren Fischen, von See- und Küstenvögeln und Seeschlangen. Um sich vor ihren Feinden zu verstecken, vergraben sie sich bis zu 1 Meter tief im Sand des Meeresbodens und verlassen ihre Höhlen und Gänge nur zur Nahrungsaufnahme. Die Höhlen werden auch zur Überwinterung oder zum Laichen genutzt.
In den Salzmarschen der Lagune von Venedig, die während der Gezeiten regelmäßig überschwemmt werden, leben einige Grundelarten. Bei Ebbe begeben sich die Fischer auf die Suche nach ihren Höhlen und Gängen. Grundeln werden mit der Hand und nicht mit der Angel gefangen: die Fischer versenken ihre Arme in die jeweilige Öffnung der beiden Höhleneingänge und ergreifen ganze Fischfamilien, die sich dort versammelt haben.
Grundeln werden in erster Linie für Fischsuppen und -fonds verwendet.

Risotto con il go

Risotto mit Grundeln

Zutaten für 4 Personen:
- *1 mittelgroße Zwiebel*
- *1 Stange Sellerie*
- *800 g Grundeln*
- *5 EL kalt gepresstes Olivenöl*
- *weißer Pfeffer aus der Mühle*
- *320 g Risottoreis, z.B. Vialone Nano*
- *1 EL Butter*
- *3–4 EL frisch geriebener Parmesan*
- *4 EL frisch gehackte Petersilie*

Zubereitung des Fischfonds

- Die Zwiebel schälen und in Ringe schneiden. Den Stangensellerie waschen, putzen und grob hacken.
  Die Grundeln unter fließendem kaltem Wasser gründlich abspülen.

- 2 l kaltes Wasser in einen Topf füllen. Grundeln, Zwiebel und Sellerie hinzufügen. Das Ganze langsam zum Kochen bringen. Dann die Hitze reduzieren und den Fond 1 Std. 30 Min. köcheln lassen. Zwischendurch den Schaum, der sich an der Oberfläche bildet, abschöpfen. Die Grundeln zerfallen beim Garen.

- Ein Sieb mit einem Kaffeefilter oder einem feinen Tuch auslegen und den Fond durch das Sieb in einen zweiten Topf abseihen. 3 Esslöffel Olivenöl sowie 1 Prise weißen Pfeffer aus der Mühle unterrühren.

- Den Fond erneut erhitzen.

Zubereitung des Risotto

- Restliches Olivenöl in einem großen Topf erhitzen. Den Reis hinzufügen und unter Rühren anschwitzen, bis die Körner glasig und rundherum von Öl überzogen sind.

- Einen Schöpflöffel heißen Fond in den Topf geben und so lange rühren, bis der Reis die Flüssigkeit vollständig aufgesogen hat. Diesen Vorgang mehrmals wiederholen, bis der Reis in 18–20 Min. gar ist, aber noch etwas Biss hat. Dabei laufend rühren, Risotto erfordert ständige Aufsicht, sonst setzt der Reis am Boden an.

- Den Topf vom Herd nehmen und die Butter sowie den Parmesan zügig untermischen. Den Risotto auf 4 vorgewärmte, tiefe Teller verteilen, jeweils mit Petersilie bestreuen und sofort servieren.

>>>

Tipp: Bei der Zubereitung von Risotto darauf achten, dass die zugegebene Flüssigkeit stets heiß ist, am besten kurz vor dem Siedepunkt. Ist die Brühe oder der Fond zu stark abgekühlt, wird der Kochvorgang unterbrochen und die Reiskörner garen nicht gleichmäßig durch.
Vialone Nano ist der klassische Risottoreis aus der Region Verona. Besonders lecker ist Vialone Nano vom Familienbetrieb Melotti; man kann ihn problemlos über das Internet bestellen.

Variation: Wenn Sie keine Grundeln bekommen können, verwenden Sie ersatzweise Gräten, Köpfe und Flossen von Seezunge, Steinbutt, Merlan oder von vergleichbaren Fischen mit weißem, magerem Fleisch. Die Fischabfälle am besten beim Fischhändler vorbestellen und vor Ort in Stücke hacken lassen. Fischgräten und -abschnitte vor dem Garen ebenfalls gründlich waschen. Ansonsten so verfahren, wie im Rezept beschrieben.

Spaghetti con le cozze al pomodoro

Spaghetti mit Miesmuscheln und Tomatensauce

Zutaten für 4 Personen:
- *1 kg Miesmuscheln*
- *1 Knoblauchzehe*
- *4 EL kalt gepresstes Olivenöl*
- *200 ml trockener Weißwein*
- *400 g Tomaten in Stücken (aus der Dose)*
- *400 g Spaghetti*
- *Salz*
- *schwarzer Pfeffer aus der Mühle*

- Die Miesmuscheln sorgfältig unter fließendem kaltem Wasser abbürsten. Muscheln, die nicht fest verschlossen sind, aussortieren und wegwerfen.

- Die Knoblauchzehe schälen. 2 Esslöffel Olivenöl in einem großen Topf erhitzen. Den Knoblauch darin anschwitzen. Die Muscheln hinzufügen und unter mehrmaligem Rühren in einigen Min. heiß werden lassen. Mit Weißwein ablöschen. Den Topf verschließen und die Muscheln bei mittlerer Hitze so lange garen, bis sie sich geöffnet haben. Abseihen und dabei den Kochsud auffangen. Muscheln, die sich beim Garen nicht geöffnet haben, wegwerfen.

- Das Muschelfleisch aus den Schalen lösen. 12 unversehrte Schalen für die Garnitur aufbewahren.

- Reichlich Wasser für die Spaghetti aufsetzen.

- Restliches Olivenöl in einer Pfanne erhitzen und die Tomatenstücke hinzufügen. Etwa 10 Min. köcheln lassen. Das ausgelöste Muschelfleisch und einen halben Schöpflöffel Kochsud dazugeben. Mit Salz sowie Pfeffer würzen und die Sauce bei starker Hitze weitere 5–6 Min. kochen lassen.

- Sobald das Nudelwasser kocht, dieses salzen und die Spaghetti darin bissfest garen. Abseihen und in die Pfanne mit der Muschelsauce geben. Das Ganze gut vermischen und nochmals ca. 2 Min. köcheln lassen.
  Die Spaghetti auf 4 vorgewärmte, tiefe Teller verteilen. Jede Portion mit 3 Muschelschalen garnieren. Sofort servieren.

Risi e bisi

Risibisi

Risi e Bisi ist ein klassisches Rezept der gesamten Provinz Veneto, die historischen Wurzeln dieses Gerichts liegen jedoch in der Hauptstadt Venedig, der Serenissima. Risibisi, wie Risi e Bisi auch genannt wird, wurde dem Dogen, also dem Staatsoberhaupt der Republik Venedig, jährlich am 25. April zu Ehren des Apostels und Stadtpatrons Sankt Markus als erster Gang serviert.
Im 19. Jahrhundert war dieses Gericht sogar ein Symbol für den Kampf gegen die österreichische Besatzung. Der Ausruf „Risi e bisi e fragole!" (Reis und Erbsen und Erdbeeren!) bezeichnete die Farben Weiß, Grün und Rot, aus denen die italienische Nationalflagge besteht und entsprach der venezianischen Parole „Es lebe Verdi!", die ebenfalls Ausdruck der Auflehnung gegen die Fremdherrschaft war.
Noch heute wird lebhaft darüber diskutiert, ob es sich bei diesem Gericht um einen Risotto oder um eine Suppe handelt. Laut Tradition ist es aber weder das eine noch das andere, vielmehr liegt es irgendwo dazwischen. Es sollte nicht zu trocken, und gleichzeitig nicht zu flüssig sein. Wird ein Teller mit Risibisi seitlich angehoben, sollte der Reis wie „eine Welle" weich und langsam zum Tellerrand fließen.
Jede Familie im Veneto verfügt über ein eigenes Rezept, wobei natürlich jede Sippe fest davon überzeugt ist, das einzig wahre Original zu kochen. Die Rezeptur wird eifersüchtig gehütet und von Generation zu Generation weitergegeben. Es gibt nur noch wenige Restaurants, die diese Speise am 25. April tatsächlich anbieten. In den Familien wurde diese Tradition jedoch bewahrt.

Risi e bisi

Reis mit Erbsen

Zutaten für 4 Personen:
- *1,5 l Gemüsebrühe (Fertigprodukt oder selbst gemacht)*
- *1 Zwiebel*
- *2 EL kalt gepresstes Olivenöl*
- *320 g Risottoreis, z.B. Vialone Nano*
- *1 kg frische, ausgepalte Erbsen*
- *Salz*
- *schwarzer Pfeffer aus der Mühle*
- *1 EL Butter*
- *4 EL frisch geriebener Parmesan*

- Die Gemüsebrühe bis kurz vor den Siedepunkt erhitzen und auf dieser Temperatur halten.

- Die Zwiebel schälen und fein hacken. In einem Topf das Olivenöl erhitzen und die Zwiebel darin anschwitzen. Den Reis zufügen und unter Rühren ebenfalls anschwitzen, bis die Körner glasig und rundherum von Öl überzogen sind.

- Die Erbsen untermengen. Einen Schöpflöffel Brühe zugeben und so lange rühren, bis der Reis die Flüssigkeit vollständig aufgesogen hat. Diesen Vorgang mehrmals wiederholen, bis der Reis nach 15 bis 20 Min. bissfest ist und die Erbsen weich. Nochmals etwas Brühe zugeben; Risibisi ist flüssiger als herkömmlicher Risotto.

- Mit Salz und Pfeffer abschmecken, jedoch vorsichtig salzen, da der Parmesan reichlich Salz enthält. Butter und Parmesan zügig unterrühren. Der Reis sollte eine cremige Konsistenz haben und wie „eine Welle" sacht zum Tellerrand schwappen, wenn man den Teller seitlich anhebt.

- Das Risibisi nochmals kräftig verrühren und sofort servieren.

Variation: Sie können auch tiefgefrorene Erbsen verwenden, diese aber erst ca. 5 Min. vor Garende zufügen.

127

Pasta und Risotto

Risi e patate

Risotto mit Kartoffeln

Zutaten für 4 Personen:

- *1,5 l Gemüsebrühe (Fertigprodukt oder selbst gemacht)*
- *1 Zwiebel*
- *3 mittelgroße Kartoffeln*
- *1 Zweig Rosmarin*
- *2 EL kalt gepresstes Olivenöl*
- *320 g Risottoreis, z.B. Vialone Nano*
- *Salz*
- *1 EL Butter*
- *4 EL frisch geriebener Parmesan*

- Die Gemüsebrühe bis kurz vor den Siedepunkt erhitzen und auf dieser Temperatur halten.

- Die Zwiebel schälen und fein hacken. Die Kartoffeln ebenfalls schälen und fein würfeln. Rosmarin waschen, trocken tupfen, die Nadeln vom Zweig zupfen und fein schneiden.

- Das Olivenöl in einem Topf erhitzen und die Zwiebel gemeinsam mit dem Rosmarin darin anschwitzen. Die Kartoffelwürfel zugeben und einige Min. anbraten, bis sie leicht gebräunt sind.

- Den Reis einrühren und unter Rühren 1 Min. anschwitzen. Einen Schöpflöffel Brühe zugeben und so lange rühren, bis der Reis die Flüssigkeit vollständig aufgesogen hat. Diesen Vorgang mehrmals wiederholen, bis der Reis nach 18 bis 20 Min. bissfest ist und die Kartoffeln weich sind.

- Mit Salz abschmecken, dann Butter und Parmesan unterrühren. Wie beim Risibisi sollte der Risotto auch hier cremig sein.

- Den Risotto nochmals kräftig durchrühren und sofort servieren.

Risotto al nero di seppia

Tintenfischrisotto

Zutaten für 4 Personen:
- ***600 g Tintenfisch mit Tintenbeutel (Calamari)***
- ***½ Zwiebel***
- ***1 Knoblauchzehe***
- ***kalt gepresstes Olivenöl***
- ***100 ml trockener Weißwein***
- ***800 ml Fischfond***
- ***320 g Risottoreis, z.B. Vialone Nano***
- ***Salz***
- ***Pfeffer aus der Mühle***

- Calamari waschen, die Haut abziehen. Die Tentakel und das Chitinstück aus dem Körperbeutel ziehen. Die Tintenbeutel vorsichtig ablösen und die Tinte in einem Gefäß auffangen. Den Körperbeutel von innen unter kaltem Wasser säubern. Die Tentakel so vom Kopf schneiden, dass sie durch einen schmalen Ring verbunden bleiben. Die Kauwerkzeuge herausdrücken und entfernen. Die Körper in 5 mm breite Ringe schneiden.

- Die Zwiebel schälen und fein hacken. Die Knoblauchzehe schälen. Etwas Olivenöl in einer Pfanne erhitzen und Zwiebel sowie Knoblauch darin anschwitzen. Den Knoblauch entfernen und die Tintenfischringe hinzugeben. Einige Min. unter Rühren anbraten. Mit Weißwein ablöschen. Sobald der Alkohol verdampft ist, die Tintenfischtinte einrühren. Einige Schöpfer heißes Wasser hinzufügen und den Tintenfisch bei niedriger Hitze zugedeckt ca. 20 Min. garen.

- Den Fischfond erhitzen. Nach 10 Min. Garzeit des Tintenfisches einen Schuss Olivenöl in einer zweiten Pfanne erhitzen. Den Reis darin unter Rühren kurz anschwitzen, bis die Körner glasig und rundum von Öl überzogen sind.

- Einen Schöpflöffel Fischfond zugeben und so lange rühren, bis der Reis die Flüssigkeit vollständig aufgesogen hat. Diesen Vorgang mehrmals wiederholen. Nach guten 10 Min. den Tintenfisch mitsamt Sauce untermengen. Das Ganze unter ständigem Rühren weitere 10 Min. köcheln lassen. Dabei nochmals Fond angießen, damit der Risotto cremig wird.

- Mit Salz und Pfeffer abschmecken. Zum Schluss etwas Olivenöl untermischen. Sofort servieren.

Tipp: Sollte Ihnen das Vorbereiten der Tintenfische zu mühsam erscheinen, lassen Sie das den Fischhändler machen und erwerben Sie die Tinte extra. Sie benötigen 4 Beutel à 4 g.

131
Pasta und Risotto

Pappardelle con scampi e radicchio di Treviso

Bandnudeln mit Garnelen und Radicchio

Zutaten für 4 Personen:
- *2 Köpfe Radicchio*
- *24 ausgelöste Garnelenschwänze*
- *kalt gepresstes Olivenöl*
- *Salz*
- *schwarzer Pfeffer aus der Mühle*
- *400 g breite Bandnudeln (Pappardelle)*
- *4 EL frisch gehackte Petersilie*

- Vom Radicchio jeweils die äußeren Blätter und den Strunk entfernen. Die Köpfe längs halbieren und die Blätter grob hacken. In einem Sieb mehrmals sorgfältig unter fließendem kaltem Wasser waschen, damit der Salat etwas von seinem bitteren Geschmack verliert. Abtropfen lassen.

- Reichlich Nudelwasser aufsetzen.

- Die Garnelenschwänze ebenfalls sorgfältig waschen und trocken tupfen.

- In einer Pfanne einen Schuss Olivenöl erhitzen. Die Radicchiostücke ca. 2 Min. darin andünsten. Die Garnelenschwänze hinzufügen und die Pfanne sofort vom Herd nehmen. Salzen, pfeffern und beiseitestellen.

- Das kochende Nudelwasser salzen und die Pappardelle darin gerade bissfest garen (3–4 Min. vor Ende der Garzeit, siehe Packungsanweisung). Die Nudeln abseihen, dabei 3–5 Schöpflöffel Kochwasser auffangen.

- Die Pfanne mit den Garnelenschwänzen erneut erhitzen. Die Bandnudeln sowie etwas Kochwasser untermengen. Das Ganze unter ständigem Rühren 3 bis 4 Min. kräftig köcheln lassen. Eventuell noch mehr Kochwasser hinzufügen.

- Die Pappardelle auf 4 vorgewärmte Schalen verteilen. Jeweils mit etwas Olivenöl beträufeln und mit Petersilie bestreuen. Sofort servieren.

Tipp: Achten Sie beim Kauf von Radicchio darauf, dass die Köpfe fest und die äußeren Blätter nicht welk und lasch, sondern knackig und unbeschädigt sind. In diesem Rezept wurde „Radicchio Rosso di Treviso Tardivo" verwendet. Diese Sorte bildet lockere Blattrosetten aus langen, schmalen, tief weinroten Blättern mit breiten weißen Rippen. Nach dem Waschen und Zerkleinern sollte man Radicchioblätter nicht zu lange liegen lassen, da sie rasch oxidieren. Die Bitterstoffe in Radicchio sind stoffwechselanregend und somit sehr gesund.

Vero Ritratto
di un Rinocerotto
condotto in Venezia
l'anno 1751
fatto per mano di
Pietro Longhi
per commissione
del N.O. Giovanni Grimani
dei Servi Patrizio Veneto

Gnocchetti di zucca al sapore di ostriche

Kürbisklößchen mit Austern

Zutaten für 4 Personen:
Für die Klößchen
- ***1 kg Kürbis, z.B. Hokkaido***
- ***Salz***
- ***100 g Mehl Type 405***
- ***1 Ei***
- ***schwarzer Pfeffer aus der Mühle***
- ***Mehl für die Arbeitsfläche***

Außerdem
- ***4 Austern***
- ***Eiswürfel***
- ***2 EL Butter***
- ***2–3 EL frisch gehackte Petersilie***
- ***einige Zitronenspalten***

Zubereitung der Klößchen
- Den Backofen auf 160 °C vorheizen.

- Den Kürbis in gleich dicke Scheiben schneiden, jeweils die Schale und die Kerne entfernen.

- Ein Blech mit Backpapier belegen. Die Kürbisscheiben darauf verteilen, salzen und 20 bis 30 Min. im Ofen garen. Das Fruchtfleisch ist durchgegart, wenn es auf den Druck einer Gabel leicht nachgibt. Herausnehmen und abkühlen lassen.

- Das Kürbisfruchtfleisch mit einem Kartoffelstampfer gründlich zerdrücken. Wahlweise mit einer Gabel zerkleinern, wenn eine körnigere Konsistenz bevorzugt wird.

- Die Masse auf ein Arbeitsbrett geben und in die Mitte eine Mulde drücken. Mehl, Ei, Salz und Pfeffer in die Mulde geben. Das Ganze mit beiden Händen zu einem weichen, formbaren Teig verarbeiten. Eventuell etwas mehr Mehl zufügen, wenn er zu klebrig ist.

- Eine Arbeitsfläche mit Mehl bestäuben und den Teig darauf zu langen Strängen formen. Die Stränge mit einem scharfen Messer in etwa 2 cm lange Stücke schneiden. Alternativ vom Teig mit Hilfe von 2 Teelöffeln kleine Klößchen abstechen. Die Teelöffel zwischendurch immer wieder mit Wasser befeuchten. Die Klößchen beiseitestellen.

>>>

Zubereitung der Austern

- Die Austern kalt abbrausen. Kurz vor dem Servieren mit einem kleinen, dünnen Messer öffnen. Die oberen Schalen wegwerfen, die unteren mit dem Austernfleisch vorsichtig auf eine von Eiswürfeln bedeckte Platte setzen. Dabei darauf achten, dass keine Austernflüssigkeit verloren geht.

- Eine feuerfeste Servierschüssel bei 100 °C im Ofen erwärmen.

- Reichlich Wasser in einem großen Topf zum Kochen bringen. Sobald es kocht, salzen und die Hitze reduzieren, bis das Wasser nur noch siedet. Die Kürbisklößchen hineingleiten lassen.

- Die Butter in einem kleinen Topf zerlassen.

- Sobald die Klößchen an die Wasseroberfläche steigen, mit einem Schaumlöffel herausnehmen, kurz abtropfen lassen und in die vorgewärmte Schüssel geben. Die zerlassene Butter darübergießen und die Klößchen vorsichtig wenden, damit sie nicht zerdrückt werden. Die Petersilie untermengen.

- Die Klößchen auf 4 tiefe vorgewärmte Teller verteilen. Auf jede Portion eine Auster legen. Einige Zitronenspalten auf einem Teller – zum Beträufeln der Austern mit Zitronensaft – dazu reichen. Sofort servieren.

>>>

Tipp: Der Teig für die Gnocchetti sollte möglichst glatt sein und keine Risse aufweisen, sonst fallen die Klößchen beim Garen auseinander. Am besten einige Probeklößchen in das siedende Wasser gleiten lassen. Zerfallen sie, den Teig erneut gründlich durchkneten und dabei noch etwas Mehl unterarbeiten.

Variationen: Wer den süßlichen Geschmack von Kürbis nicht mag, kann die Hälfte der Kürbismenge durch Kartoffeln ersetzen. Der Arbeitsvorgang ist der gleiche: Während der Kürbis im Ofen ist, 500 g geschälte, gewürfelte Kartoffeln in leicht gesalzenem Wasser weich garen. Eine mehligkochende Sorte Kartoffeln verwenden. Abgießen, zerstampfen und mit dem Kürbispüree vermengen. Anschließend fortfahren, wie im Rezept beschrieben.

Die Kürbisgnocchetti schmecken auch ohne Austern sehr gut. Vor dem Servieren in 50 g Butter schwenken und mit reichlich frisch geriebenem Parmesan bestreuen.

BU B.05
GIUDECCA

Secondi piatti

Fisch- und Fleischgerichte

Moeche fritte

Frittierte Krabben

Zutaten für 4 Personen:

- ***1 kg küchenfertige venezianische Lagunenkrabben, ersatzweise Flusskrebse***
- ***Salz***
- ***200 g Mehl Type 405***
- ***1,5 l Erdnussöl zum Frittieren***
- ***einige Zitronenspalten zum Garnieren***

- Die Krabben in reichlich Salzwasser waschen. In einem Sieb gut abtropfen lassen. Das Mehl in einen tiefen Teller geben und die Krabben einzeln darin wälzen.

- Das Erdnussöl in einer großen Pfanne auf 170 °C erhitzen. Die Krabben darin portionsweise in 3 bis 4 Min. goldbraun und knusprig frittieren.

- Auf Küchenpapier abtropfen lassen. Die Krabben leicht salzen und heiß servieren. Zitronenspalten dazu reichen.

Tipp: Venezianische Lagunenkrabben erhalten Sie in der Regel nur vor Ort, daher empfiehlt es sich bei diesem Rezept, auf Flusskrebse zurückzugreifen. Diese sind jedoch wesentlich größer als Lagunenkrabben, außerdem sind deren Schalen robuster, sie haben daher eine längere Garzeit und sollten vor dem Frittieren gekocht werden: Flusskrebse etwa 10 Min. in Salzwasser garen. Anschließend in Mehl wälzen und ca. 5 Min. in heißem Öl frittieren.

147 Moeche

Venezianische Lagunenkrabben

Frittierte Lagunenkrabben sind eine typisch venezianische kulinarische Spezialität. Diese grünen Krabben sind zwar im gesamten Mittelmeerraum stark verbreitet, in der nördlichen Lagune von Venedig, vor allem in der Gegend um die Insel Burano, haben sie in der Fischzucht und in der Gastronomie jedoch einen besonderen Stellenwert.
Während der Wachstumsphase häuten sich Krabben mehrmals. Dabei verlassen sie ihren alten Rückenpanzer, um zu wachsen und einen neuen, größeren Panzer auszubilden. In dieser Phase sind die Krabben dementsprechend weich und den Angriffen anderer Meerestiere sowie Artgenossen schutzlos ausgesetzt. Aber nicht nur das. Exakt in dieser Zeitspanne, die etwa 15 Stunden dauert, werden die Krebstiere zu einer Köstlichkeit der venezianischen Küche.
Die Wachstumsperiode findet zweimal jährlich, in Frühjahr und Herbst statt. Es gibt jedoch keine genauen Zeitangaben, da Wassertemperatur, Nahrungsangebot und klimatische Verhältnisse das Abstreifen der Hülle stark beeinflussen.
Fischer, die sich auf Krabbenfang spezialisiert haben, werden „Moecanti", Krebsfänger, genannt. Heutzutage widmen sich nicht mehr viele Fischer ausschließlich dieser Tätigkeit, es sind schätzungsweise nur noch 40.
Es besteht das Risiko, dass die Krebsfänger in einigen Jahren von der Bildfläche verschwunden sein werden, da die nachkommende Generation kein großes Interesse daran hat, ihren Lebensunterhalt mit dieser mühseligen Arbeit zu bestreiten. Es erfordert viel Erfahrung und Wissen, die Krabben zum richtigen Zeitpunkt zu fangen. Zudem wurde Ende der 1980er Jahre von Züchtern die Philippinische Venusmuschel angesiedelt, die heimische Muscheln und Meerestiere verdrängte. Die „Muschelmänner" verdienen wesentlich mehr als die traditionellen Fischer, deren Lebensgrundlage sie gefährden.
Im Jahr 2000 wurden die Krabben der venezianischen Lagune von der Slow Food Stiftung für biologische Vielfalt in das sogenannte

HONDA

149

Venezianische Lagunenkrabben

Presidio-Projekt aufgenommen. Ein Presidio (ital. für Schutzraum) versteht sich als ein Netzwerk von engagierten Landwirten, handwerklich arbeitenden Lebensmittelproduzenten, interessierten Händlern, Köchen, wissenschaftlichen Experten und bewussten Verbrauchern, welche sich zusammen aktiv um den Erhalt von bestimmten Pflanzensorten, Tierrassen, Lebensmitteln und Kulturlandschaften einsetzen.

Auch die zunehmende Wasserverschmutzung lässt befürchten, dass die Tradition der Krabbenfischer vom Aussterben bedroht ist.

Die Krebse werden mit speziellen Netzen gefangen, die auf dem Meeresgrund der Lagune ausgelegt werden. Sobald ausreichend Krabben ins Netz gegangen sind, beginnt die Auslese. Dabei werden die „boni", die guten Krebse, die ihren Panzer bereits abgestreift haben, von den „spiantani", jenen, die diesen Prozess erst in Kürze durchlaufen werden, sowie von den „matti", das sind Tiere, die sich in der aktuellen Fangsaison nicht mehr häuten werden, getrennt und aussortiert.

Letztere werden wieder ins Meer geworfen, „spiantani" und „boni" werden in verschiedenen Behältern gesammelt. Die Selektion erfolgt in der Regel direkt auf den Booten der Fischer.

Die unterschiedlichen Krabben werden in speziellen Behältern, den sogenannten „Vieri" aufbewahrt, das sind mit Gittern versehene Holzkisten, in denen das Wasser weiter zirkulieren kann, sobald sie wieder ins Meer versenkt werden. Der letzte Arbeitsgang ist vielleicht der mühsamste, da die Kisten mehrmals pro Tag geöffnet und kontrolliert werden müssen, um tote Tiere und Panzer auszusortieren, die von den Krebsen abgestoßen werden. Krabben ohne Panzer werden ebenfalls herausgenommen, da sie für Artgenossen, die sich noch häuten werden, eine leichte Beute sind. Kisten mit „guten" Krebsen müssen ebenfalls regelmäßig geöffnet werden, um jene Exemplare auszusortieren, die bereits einen neuen Panzer gebildet haben. Die Bildung des Panzers beansprucht ungefähr einen Tag, deshalb muss eine ständige Inspektion erfolgen.

151

Venezianische Lagunenkrabben

Für den Verkauf bestimmte Krabben werden lebendig in mit Eis gefüllte Container gelegt und anschließend auf den Markt gebracht. Damit ihr delikater Geschmack voll zur Geltung kommen kann, sollten die Krabben lebend gekocht werden. Eine fachgerechte Lagerung und ein rascher Verzehr sind deshalb äußerst wichtig.

Eine weitere kulinarische Spezialität Venedigs sind „Masenete", die weiblichen Krabben. Diese stoßen ihren Panzer zwar nicht ab, doch im Spätsommer tragen sie reife Eier und sind dann „Masanete col Coral", Krabbenweibchen mit korallenfarbigen Eiern. Diese Krebseier werden in der venezianischen Küche ebenfalls sehr geschätzt.

154

Fisch- und Fleischgerichte

Fegato alla veneziana

Leber auf venezianische Art

Zutaten für 4 Personen:
- ***2 weiße Zwiebeln***
- ***1 EL Butter***
- ***1 Schuss kalt gepresstes Olivenöl***
- ***500 g Kalbsleber***
- ***1 Schuss Weißweinessig***
- ***Salz***
- ***schwarzer Pfeffer aus der Mühle***

- Die Zwiebeln schälen und in feine Ringe schneiden. Butter und Olivenöl in einer Pfanne mittelstark erhitzen und die Zwiebeln darin ca. 15 Min. lang dünsten. Dabei hin und wieder umrühren, damit sie nicht am Pfannenboden ansetzen.

- Während die Zwiebeln braten, die Leber sorgfältig von allen Häuten befreien und in feine Streifen schneiden. Die Zwiebeln mit dem Essig ablöschen und die Hitzezufuhr erhöhen. Die Leberstreifen zufügen und bei starker Hitze nicht länger als 5 Min. garen.

- Die Leberstreifen mit Salz sowie Pfeffer würzen und sofort servieren. Dazu passt Polenta oder frisches Weißbrot.

Tipp: Servieren Sie venezianische Leber stets ganz heiß und frisch aus der Pfanne. Sie eignet sich nicht zum erneuten Aufwärmen, da das Fleisch dadurch hart wird. Zum Anbraten können Sie auch nur Olivenöl verwenden, dann wird das Gericht etwas leichter.

Anguilla fritta con fagiolini verdi e creme di aglio e di acciuga

Frittierter Aal mit Bohnensalat, Knoblauch- und Sardellencreme

Zutaten für 4 Personen:
- *4 Knoblauchzehen*
- *400 ml Milch*
- *120 g in Öl eingelegte Sardellen*
- *100 ml kalt gepresstes Olivenöl*
- *320 g grüne Bohnen*
- *Salz*
- *2 Schalotten*
- *1 Schuss Weißweinessig*
- *schwarzer Pfeffer aus der Mühle*
- *12 große Stücke Aal à 50 g (ausgenommen und enthäutet, insgesamt 600 g)*
- *100 g Mehl Type 405*
- *200 ml neutrales Öl zum Frittieren*

- Die Knoblauchzehen schälen und in der Milch weich kochen. Anschließend Milch und Knoblauch zu einer feinen Creme pürieren. Die Sardellen abtropfen lassen und im Mixer gemeinsam mit 50 ml Olivenöl ebenfalls zu einer glatten Creme mixen.

- Die Bohnen putzen, waschen und in kochendem Salzwasser bissfest garen. Anschließend abseihen und gut abtropfen lassen.

- Die Schalotten schälen und fein hacken. In eine Schüssel geben und darin mit den Bohnen vermengen. Mit Salz sowie Pfeffer würzen und mit restlichem Olivenöl und Weißweinessig marinieren. Den Salat gut durchmischen.

- Die Aalstücke sorgfältig unter fließendem kaltem Wasser waschen und mit Küchenpapier trocken tupfen. Jedes Stück in Mehl wälzen.

- Das neutrale Öl in einer großen, tiefen Pfanne (das Öl sollte 3 bis 4 cm hoch stehen) auf 180 °C erhitzen. Die Aalstücke darin portionsweise in ca. 10 Min. goldgelb frittieren. Dann auf Küchenpapier abtropfen lassen.

- Den Bohnensalat auf 4 Teller verteilen. Je 3 Aalstücke darauf legen und diese salzen. Sofort servieren.

- Knoblauch- sowie Sardellencreme getrennt dazu reichen.

Tipp: Fisch- oder Fleischstücke, die nur mit Mehl paniert werden, sollten nach dem Panieren unverzüglich frittiert werden, sonst saugt sich das Mehl mit Flüssigkeit voll und Sie erhalten keine knusprige Kruste.

158

Fisch- und Fleischgerichte

Sogliola alla mugnaia

Seezunge Müllerinart

Zutaten für 4 Personen:
- ***4 frische, küchenfertige Seezungen (à 400–600 g)***
- ***Salz***
- ***schwarzer Pfeffer aus der Mühle***
- ***2 Eier***
- ***100 g Mehl Type 405***
- ***100 g Butter***
- ***Saft von ½ Zitrone***
- ***2 Schuss Worcestershiresauce***

- Die Seezungen kalt abspülen und trocken tupfen. Salzen und pfeffern. Die Eier in einem tiefen Teller verquirlen. Das Mehl ebenfalls in einen tiefen Teller geben. Die Seezungen zuerst in Mehl wälzen und dann durch die Eiermischung ziehen.

- In einer großen Pfanne die Hälfte der Butter erhitzen. Die Seezungen darin pro Seite in ca. 5 Min. goldbraun braten. Anschließend kurz auf Küchenpapier abtropfen lassen. In eine Terrine geben und bei 50 °C im Backofen warm halten.

- Restliche Butter in der gleichen Pfanne, in der die Seezungen gebraten wurden, erhitzen. Zitronensaft, Worcestershiresauce und schwarzen Pfeffer aus der Mühle einrühren. Die Sauce einige Min. einkochen lassen.

- Die Seezungen auf 4 vorgewärmte Teller verteilen, jeweils mit Sauce überziehen und sofort servieren.

Tipp: Sämiger wird die Sauce, wenn Sie eine Espressotasse zur Hälfte mit Olivenöl füllen, 2 Teelöffel Mehl darin glattrühren und einen Teil der Mischung nach dem Aufkochen der Sauce unter ständigem Rühren hinzugeben. Dabei darauf achten, dass sich keine Klümpchen bilden. Sobald die Sauce eindickt, keine Mehl-Öl-Mischung mehr zufügen. Sollten Sie mehr Sauce wünschen, können Sie zusätzlich 50 ml Kalbsfond zusammen mit Zitronensaft und Worcestershiresauce aufkochen lassen.

Branzino all'acqua pazza

Seebarsch mit Kirschtomaten

Zutaten für 4 Personen:
- *1 frischer, küchenfertiger Seebarsch (800–900 g)*
- *Salz*
- *schwarzer Pfeffer aus der Mühle*
- *1 Zweig Rosmarin*
- *1 Zweig Thymian*
- *ca. 28 große, vollreife Kirschtomaten*
- *1 Bund Petersilie*
- *1 Knoblauchzehe*
- *kalt gepresstes Olivenöl*
- *200 ml trockener Weißwein*

- Den Seebarsch unter fließendem kaltem Wasser innen und außen waschen. Trocken tupfen, salzen und pfeffern. Den Bauch mit dem Rosmarin- und Thymianzweig füllen.

- Die Kirschtomaten waschen, 15 Stück in kleine Würfel schneiden, die restlichen ganz belassen. Die Petersilie waschen, trocken schütteln, die Blätter von den Stielen zupfen und fein hacken.

- Den Knoblauch schälen. In einer Pfanne einen Schuss Olivenöl erhitzen und den Knoblauch darin 1 Min. anschwitzen. Den Fisch einlegen, kurz anbraten und anschließend mit Weißwein ablöschen.

- Den Alkohol ca. 2 Min. einkochen lassen. Dann die ganzen und die gewürfelten Tomaten hinzugeben. Mit Salz würzen.

- 400 ml Wasser angießen, die Pfanne mit einem Deckel verschließen und den Fisch bei mittlerer Hitze etwa 15 Min. garen.

- Den Seebarsch mit Pfeffer übermahlen, mit gehackter Petersilie bestreuen und sofort in der Pfanne servieren.

Tipp: Reichen Sie Zitronen- oder Limettenviertel zum Fisch, damit sich jeder seine Portion mit Zitrussaft beträufeln kann. Im Ganzen zubereitet schmeckt See- oder Wolfsbarsch, der ein zartes, aromatisches und grätenarmes Fleisch hat, am besten. Sie können jedoch auch Filets verwenden, wenn Ihnen das Filetieren zu mühsam ist. Filets haben allerdings eine wesentlich kürzere Garzeit und sollten nur ca. 7 Min. gedünstet werden.

Faraona con salsa peverada

Perlhuhn mit Peverada-Sauce

Zutaten für 4 Personen:

Für das Perlhuhn

- *1 küchenfertiges Perlhuhn (ca. 1 kg)*
- *Salz*
- *einige frische Salbeiblätter*
- *50 g Speck, in dünnen Scheiben*
- *50 ml kalt gepresstes Olivenöl*
- *50 g Butter*
- *1 Knoblauchzehe*
- *1 Zweig Rosmarin*
- *100 ml trockener Weißwein*
- *schwarzer Pfeffer aus der Mühle*

Für die Peverada-Sauce

- *150 g Perlhuhn- oder Hühnerleber*
- *100 g Sopressa-Salami in Scheiben (venezianische, lange gereifte und sehr würzige Salami vom Schwein, ersatzweise grobe italienische Salami)*
- *2 Knoblauchzehen*
- *1 Zweig Petersilie*
- *1 unbehandelte Zitrone*
- *100 ml kalt gepresstes Olivenöl*
- *2 EL Weißweinessig*

Zubereitung des Perlhuhns

- Das Perlhuhn unter fließendem kaltem Wasser innen und außen waschen. Trocken tupfen und leicht salzen. Die Salbeiblätter in die Bauchhöhle legen. Den Speck in schmale Streifen schneiden. Das Perlhuhn mit den Speckstreifen umwickeln und diese mit Küchengarn fixieren.

- Den Backofen auf 200 °C vorheizen.

- Olivenöl und Butter in einer feuerfesten Form erhitzen, die groß genug ist, dass das Perlhuhn darin gut Platz hat. Den Knoblauch schälen und durch eine Presse dazudrücken, den Rosmarinzweig einlegen. Das Perlhuhn in der Form von allen Seiten goldbraun anbraten. Mit Weißwein ablöschen und den Alkohol verdampfen lassen. Die Form in den Ofen stellen und das Perlhuhn 30 bis 40 Min. garen. Dabei gelegentlich mit Bratflüssigkeit begießen.

>>>

Zubereitung der Peverada-Sauce

- Inzwischen die Sauce zubereiten. Perlhuhn- oder Hühnerleber und Salami sehr fein hacken. Knoblauch schälen, eine Zehe ebenfalls fein hacken, die zweite ganz belassen. Die Petersilie waschen, abtropfen lassen, die Blätter von den Stielen zupfen und fein schneiden.

- Die Zitrone heiß waschen, trocken reiben und die Schale fein abreiben. Die Zitrusfrucht halbieren und auspressen. Den Saft beiseitestellen.

- Das Olivenöl in einer Pfanne erhitzen. Die ganze Knoblauchzehe darin goldgelb anschwitzen. Anschließend herausnehmen.

- Leber, Salami, gehackte Knoblauchzehe, Petersilie und Zitronenschale in die Pfanne geben. Salzen, kräftig pfeffern und das Ganze unter gelegentlichem Rühren bei niedriger Hitze schmoren lassen.

- Nach 10 Min. Garzeit den Zitronensaft und den Weißweinessig hinzufügen. Die Sauce noch einige Min. köcheln lassen. Dann vom Herd nehmen.

- Das Perlhuhn aus dem Ofen nehmen, in 4 Stücke zerteilen und diese auf einen vorgewärmten Servierteller legen.

- Mit der Sauce übergießen und sofort servieren. Dazu passt frisch gekochte Polenta.

Variation:
Sie können Perlhuhn- oder Hühnerleber, Salami, Petersilie und eine Knoblauchzehe auch grob zerkleinern, in einen Mixer geben und gemeinsam mit der abgeriebenen Zitronenschale fein pürieren, bevor Sie die Mischung in der Pfanne anbraten.

76

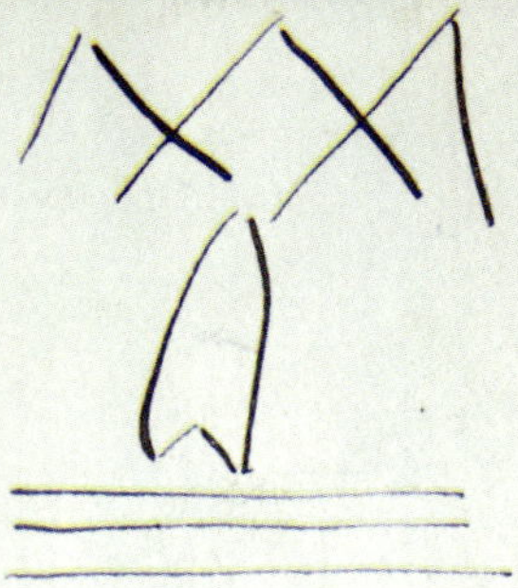

To Romano a patron of the arts — they are rare in these days — from his friend

Ernest Hemingway

Burano 11 Nov '48

UN CELEBRE GHIOTTONE
FECE SCALO A BURANO
PER CORRER DA ROMANO
E FARVI COLAZIONE -
CHE FOLPI!.. CHE EMOZIONE!..
MA TROPPI NE MANGIÒ,
FECE UN'INDIGESTIONE
E AL CIELO SE NE ANDÒ.

MA PRIMA DI MORIRE
LEVÒ DOLCE LA MANO
A BENEDIR ROMANO,
E LO SENTIRON DIRE:
-"BELLO, IMMORTAL, BENEFICO
"OSTE! SPIRA GIOIOSO
"CHI PUÒ MORIR D'UN SIMILE
"OMICIDIO FOLPOSO!" -

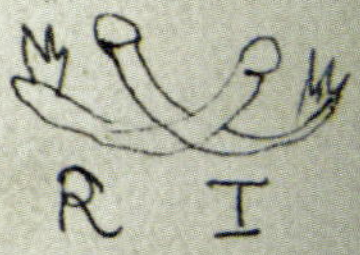

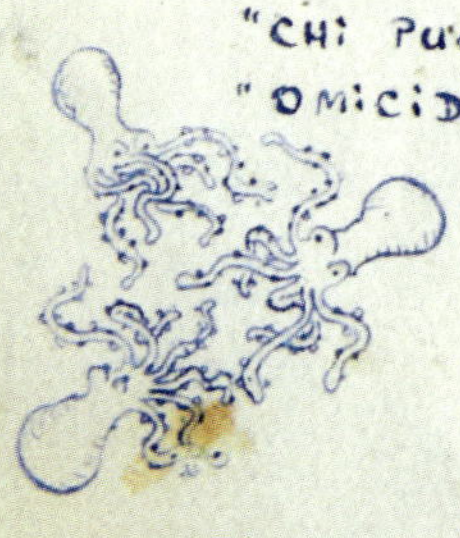

—

Enrico Lupinacci
Novembre 1948

Chiara Lupinacci. 18. settembre 1952.

166

Fisch- und Fleischgerichte

Orata in crosta di sale

Goldbrasse in der Salzkruste

Zutaten für 4 Personen:
- ***1 frische, ganze Goldbrasse (1,5 kg)***
- ***5 Eiweiß***
- ***1,5 kg grobes Meersalz***
- ***500 g feines Salz***

- Den Backofen auf 180 °C vorheizen.

- Die Goldbrasse innen und außen sorgfältig unter fließendem kaltem Wasser waschen. Die Kiemen entfernen, die Schuppen aber belassen, da diese den Fisch während des Garens vor dem Austrocknen schützen.

- Die Eiweiße in eine große Schüssel geben. Meersalz sowie feines Salz zufügen und das Ganze gründlich vermengen.

- Ein Backblech, auf dem der gesamte Fisch gut Platz hat, mit Backpapier belegen. Die Hälfte der Eiweiß-Salz-Mischung in Rechteckform, die etwas größer als die Goldbrasse ist, verstreichen. Den Fisch darauflegen, die restliche Eiweiß-Salz-Mischung auf ihm verteilen und leicht andrücken. Die obere Schicht sollte mindestens 1 cm dick sein.

- Die Goldbrasse 30 bis 40 Min. im Ofen garen, bis die Salzkruste eine goldgelbe Farbe annimmt.

- Aus dem Ofen nehmen, die Salzkruste aufbrechen und die Goldbrasse sofort servieren.

Tipp: Legen Sie frische Kräuter (Petersilie, Kerbel, Schnittlauch, Thymian) in die Bauchhöhle der Goldbrasse, dann schmeckt sie noch aromatischer. Die gleichen Kräuter können Sie zusätzlich gehackt unter die Eiweiß-Salz-Mischung mengen.

Sarde in saor

Süß-saure Sardinen

Zutaten für 4 Personen:
- *40 g Sultaninen*
- *20 frische, küchenfertige Sardinen*
- *2 mittelgroße weiße Zwiebeln (ca. 400 g)*
- *100 ml kalt gepresstes Olivenöl*
- *100 ml weißer Balsamico*
- *100 ml Weißwein*
- *4 Lorbeerblätter*
- *2 TL Salz*

- Die Sultaninen in etwas Wasser einweichen. Den Backofen auf 190 °C vorheizen.

- Die Sardinen filetieren und sorgfältig entgräten. Die Zwiebeln schälen und in feine Ringe schneiden.

- In einem Topf das Olivenöl erhitzen und die Zwiebeln darin anschwitzen. Bei niedriger Hitze einige Min. dünsten.

- Balsamico und Weißwein angießen. Die Lorbeerblätter hinzufügen. Die Hitzezufuhr erhöhen, das Ganze salzen und 5 bis 10 Min. köcheln lassen, bis die Flüssigkeit gut eingekocht ist. Den Topf vom Herd nehmen. Die Lorbeerblätter entfernen. Die Sultaninen kurz abtropfen lassen und untermengen.

- Die Sardinenfilets auf ein Backblech legen und ca. 2 Min. im Ofen garen.

- Anschließend herausnehmen und in eine tiefe Form legen. Vollständig mit dem Zwiebelgemisch bedecken.

- Die Form abdecken und die Sardinen über Nacht im Kühlschrank durchziehen lassen. Am nächsten Tag Zimmertemperatur annehmen lassen. Das Zwiebelgemisch auf 4 Teller verteilen. Die Sardinen einzeln aufrollen und jeweils 5 Stück auf den Zwiebeln platzieren.

Carpaccio di branzino

Carpaccio vom Wolfsbarsch

Zutaten für 4 Personen:
- ***600 g frische Wolfsbarschfilets***
- ***kalt gepresstes Olivenöl***
- ***Salz***
- ***schwarzer Pfeffer aus der Mühle***

- Die Wolfsbarschfilets von etwaigen Gräten befreien, in Klarsichtfolie hüllen und für gute 30 Min. in das Gefrierfach oder ein Tiefkühlgerät legen. Der Fisch lässt sich anschließend leichter schneiden.

- Die Filets aus der Folie nehmen und mit einem scharfen Messer in hauchdünne Scheiben schneiden. Die Scheiben auf einer Servierplatte auslegen. Mit etwas Olivenöl beträufeln, salzen und mit Pfeffer aus der Mühle übermahlen. Das Carpaccio sofort servieren.

Tipp: Noch schmackhafter wird das Carpaccio mit einer Marinade: Hierfür den Saft von 2 Zitronen, 5 EL kalt gepresstes Olivenöl, Salz und Pfeffer kräftig miteinander verquirlen.
Jede Fischscheibe mit Hilfe eines Pinsels mit 1 Teelöffel Marinade bestreichen. Die Scheiben locker aufrollen und auf die Servierplatte setzen.

174
Fisch- und Fleischgerichte

Seppie aromatizzate al finocchio

Tintenfisch mit Fenchelsauce

Zutaten für 4 Personen:
- 4 frische, küchenfertige Tintenfische (Sepia)
- 4 Fenchelknollen
- 6 EL kalt gepresstes Olivenöl
- 1 Spritzer Pernod
- Salz
- schwarzer Pfeffer aus der Mühle

- Die Tintenfische sorgfältig unter fließendem kaltem Wasser waschen. Das Fleisch der Tintenfische mehrmals einschneiden, damit es später gleichmäßiger durchgart.

- Den Fenchel putzen und waschen. Die äußeren Blätter entfernen und grob zerkleinern. Die „Herzen" der Fenchelknollen aufbewahren.

- Die Hälfte des Olivenöls in einer Pfanne erhitzen. Den gehackten Fenchel darin unter Rühren ca. 5 Min. andünsten. Pernod und 100 ml Wasser zufügen. Den Fenchel mit Salz sowie Pfeffer würzen und köcheln lassen, bis er weich ist. Anschließend mitsamt der Kochflüssigkeit im Mixer pürieren.

- Die Fenchelherzen in feine Streifen schneiden und mit Salz und Pfeffer würzen.

- Restliches Olivenöl in einer zweiten Pfanne mittelstark erhitzen. Die Tintenfische darin 2 bis 3 Min anbraten, bis sie nicht mehr glasig und leicht gebräunt sind. Mit Salz würzen.

- Die Fenchelsauce auf 4 vorgewärmte Teller verteilen. Jeweils 1 Tintenfisch darauflegen. Die rohen Fenchelstreifen extra dazu reichen. Alles sofort servieren.

Sgombro, salicornia e pomodoro candito

Makrelen mit Queller und Tomatenconfit

Zutaten für 4 Personen:
- *4 vollreife Tomaten*
- *4 Knoblauchzehen*
- *8 EL kalt gepresstes Olivenöl*
- *Salz*
- *2 EL Puderzucker*
- *200 g Queller (Salzwiesenpflanze)*
- *1 Lorbeerblatt*
- *4 frische Makrelenfilets*
- *schwarzer Pfeffer aus der Mühle*

Für das Tomatenconfit
- Den Backofen auf 90 °C vorheizen.

- In einem mittelgroßen Topf Wasser zum Kochen bringen. Die Tomaten einlegen und 1 Min. blanchieren. Mit einem Schaumlöffel herausnehmen, enthäuten, vom Stielansatz befreien, halbieren und die Kerne entfernen. Die Tomaten auf einem Backblech verteilen.

- Den Knoblauch schälen und fein hacken. Die Tomaten damit bestreuen. Mit 4 Esslöffeln Olivenöl beträufeln, salzen und mit Puderzucker bestäuben. Das Blech auf mittlerer Einschubleiste in den Ofen geben und die Tomaten 2 Std. garen.

Für den Queller
- Den Queller gute 3 Min. in kochendem Wasser blanchieren. Abtropfen lassen und in 1 Esslöffel Olivenöl ca. 2 Min. rösten. Auf Küchenpapier abtropfen lassen.

Für die Makrelenfilets
- Restliches Olivenöl in einer Pfanne erhitzen. Das Lorbeerblatt sowie die Makrelenfilets zufügen. Die Filets auf jeder Seite etwa 4 Min. anbraten. Mit Salz und Pfeffer würzen.

- Jeweils 1 Makrelenfilet, 2 Tomatenhälften und einige Zweige Queller auf 4 vorgewärmten Tellern arrangieren. Sofort servieren.

Tipp: Queller erhalten Sie in gut sortierten italienischen Großmärkten. Ersatzweise können Sie in Butter gedünsteten Blattspinat zu den Makrelenfilets reichen.

180

Fisch- und Fleischgerichte

Granchio al forno

Ofenkrabben

Zutaten für 4 Personen:

- *4 mittelgroße Krabben*
- *Salz*
- *schwarzer Pfeffer aus der Mühle*
- *100 g Semmelbrösel*
- *1 Zweig Rosmarin*

- Den Backofen auf 180 °C vorheizen.

- Die Krabben sorgfältig unter fließendem kaltem Wasser waschen. Mit einer Zange in kleinere Stücke zerteilen. Den dunklen Darm jeweils mit einer Pinzette entfernen.

- Die Krabbenteile in eine feuerfeste Form geben. Mit Salz, Pfeffer und Semmelbröseln bestreuen. Den Rosmarin hinzufügen. Die Krabben etwa 20 Min. im Backofen garen.

- Herausnehmen und heiß servieren.

Variation: Alternativ können Sie die Krabben auch 10 Min. in kochendem Wasser garen. Abgießen und kurz abkühlen lassen. Dann das Krabbenfleisch aus den Schalen lösen (dabei die Därme entfernen) und auf 4 feuerfeste Förmchen verteilen.

Eine Sauce aus fein gehackter Petersilie, fein geschnittenem Knoblauch, Pfeffer, Salz und Olivenöl zubereiten. 2 Esslöffel Semmelbrösel untermengen. Die Sauce auf dem Krabbenfleisch verteilen.

Das Krabbenfleisch bei 200 °C 3 bis 4 Min. im Ofen garen, bis die Oberfläche goldbraun ist. Sofort servieren.

Grigliata mista

Gemischter Grillteller vom Fisch

Zutaten für 4 Personen:
- *4 Seezungenfilets*
- *4 Seeteufelfilets*
- *4 Riesengarnelen*
- *8 Garnelen*
- *kalt gepresstes Olivenöl*
- *Salz*
- *schwarzer Pfeffer aus der Mühle*

- Den Backofengrill oder einen Gartengrill vorheizen.

- Die Fischfilets von etwaigen Gräten befreien und kurz kalt abspülen. Die Krustentiere sorgfältig waschen und mit Küchenpapier trocken tupfen.

- Fischfilets und Meeresfrüchte auf einen Gitterrost legen. Mit Olivenöl beträufeln und entweder in den Ofen schieben oder auf den Grill legen. Das Ganze 7 bis 8 Min. auf jeder Seite grillen. Die Fischfilets eventuell nur 6 Min. pro Seite grillen, sie haben eine kürzere Garzeit als die Krustentiere.

- Die Fischfilets salzen. Jeweils 1 Seezungen- und Seeteufelfilet, 2 Riesengarnelen und 1 Garnele auf 4 vorgewärmte Teller legen. Mit Olivenöl beträufeln, mit Pfeffer übermahlen und sofort heiß servieren.

63

Rombo chiodato con verdure

Im Ofen gegarter Steinbutt mit Gemüse

Zutaten für 4 Personen:
- *3 Kartoffeln*
- *Salz*
- *1 Zucchini*
- *3 vollreife Tomaten*
- *1 ganzer, frischer Steinbutt (ca. 2 kg)*
- *1 Knoblauchzehe*
- *kalt gepresstes Olivenöl*
- *200 ml trockener Weißwein*
- *100 ml Fischfond (aus dem Glas)*
- *schwarzer Pfeffer aus der Mühle*

- Die Kartoffeln schälen und in leicht gesalzenem Wasser bissfest garen. Abgießen, in Scheiben schneiden und diese halbieren.

- Die Zucchini putzen, waschen und in Scheiben schneiden, die Tomaten waschen, vom Stielansatz befreien und würfeln.

- Den Backofen auf 180 °C vorheizen.

- Den Steinbutt unter fließendem kaltem Wasser waschen.

- Die Knoblauchzehe schälen. Etwas Öl in einer feuerfesten Form erhitzen und den Knoblauch darin anschwitzen. Den Fisch einlegen und auf jeder Seite einige Min. anbraten. Mit Weißwein ablöschen und den Alkohol kurz einkochen lassen.

- Kartoffel- und Zucchinischeiben sowie Tomatenwürfel in der Form verteilen. Das Ganze salzen und pfeffern, dann den Fischfond angießen.

- Die Form in den Ofen geben und den Steinbutt ca. 30 Min. garen.

- Fisch und Gemüse auf einer vorgewärmten Servierplatte anrichten und alles sofort servieren.

Hinweis: Neben Seezunge zählt Steinbutt zu den edelsten Speisefischen. Sein festes weißes Fleisch bleibt lange frisch und hat einen exzellenten Geschmack. Seine Oberseite ist schuppenlos, aber mit großen Knochenhöckern versehen, die wie kleine Steine auf der dunklen Haut liegen, daher rührt sein Name. Steinbutt eignet sich zum Braten, Grillen, Pochieren oder wie bei diesem Rezept zum Garen im Ofen.

Anguilla stufata al pomodoro

Gebratener Aal mit Tomatensauce

Zutaten für 4 Personen:

- *2 kg frischer Aal, ausgenommen, enthäutet und filetiert*
- *100 g Mehl Type 405*
- *4 EL kalt gepresstes Olivenöl*
- *Salz*
- *schwarzer Pfeffer aus der Mühle*
- *200 ml trockener Weißwein*
- *400 g gewürfelte Tomaten (aus der Dose)*

- Den Aal sorgfältig unter fließendem kaltem Wasser waschen und in etwa 10 cm große Stücke schneiden. Mit Küchenpapier trocken tupfen. Das Mehl in einen tiefen Teller geben und die Aalstücke darin wälzen.

- Das Olivenöl in einer großen Pfanne erhitzen. Die Aalstücke darin unter mehrmaligem Wenden auf jeder Seite in 3 bis 5 Min. goldbraun braten.

- Mit Salz und Pfeffer würzen, mit Weißwein ablöschen. Den Alkohol einkochen lassen und dann die Tomaten zufügen. Die Pfanne mit einem Deckel halb verschließen und den Aal etwa 20 Min. köcheln lassen. Mit einer Gabel in das Fischfleisch stechen, um zu prüfen, ob es weich ist.

- Die Tomatensauce mit Salz und Pfeffer abschmecken und das Gericht sehr heiß servieren.

Seppie in nero con polenta

Tintenfisch mit Polenta

Zutaten für 4 Personen:

Für die Polenta

- 1 EL grobes Meersalz
- 250 g weiße Polenta

Für die Tintenfische

- 4 mittelgroße Tintenfische (Calamari)
- kalt gepresstes Olivenöl
- 200 ml trockener Weißwein
- Salz
- schwarzer Pfeffer aus der Mühle

- Für die Polenta in einem Topf mit schwerem Boden 1 l Wasser zum Kochen bringen. Meersalz dazugeben und die Polenta nach und nach zufügen. Dabei ständig mit einem Kochlöffel oder Schneebesen rühren, damit sich keine Klumpen bilden. Die Temperatur reduzieren und die Polenta unter laufendem Rühren etwa 40 Min. garen (Instantpolenta benötigt ca. 10 Min. Garzeit).
  Sobald der Polentabrei sämig, aber fest ist, den Inhalt des Topfes auf ein Holz- oder Marmorbrett stürzen. Mit einem Kochlöffel etwa 10 cm dick verstreichen. Im Ofen bei 50 °C warm halten.

- Calamari waschen, die Haut abziehen. Die Tentakel und das Chitinstück aus dem Körperbeutel ziehen. Die Tintenbeutel vorsichtig ablösen und die Tinte in einem Gefäß auffangen. Den Körperbeutel von innen unter kaltem Wasser säubern.

- In einer Pfanne einen Schuss Olivenöl erhitzen. Die Tintenfische darin ca. 5 Min. anbraten. Mit Weißwein ablöschen und den Alkohol einkochen lassen. Die Hitze reduzieren und die Tintenfische etwa 15 Min. köcheln lassen. Mit Salz und Pfeffer würzen.

- Etwa 3 Min. vor Ende der Garzeit die Tinte sowie 100 ml Wasser hinzufügen. Das Ganze noch einmal aufkochen lassen.

- Die Polenta in etwa 2 cm dicke Scheiben schneiden. Die Scheiben auf 4 vorgewärmte Teller verteilen. Jeweils 1 Portion Tintenfisch dazugeben und das Gericht sofort servieren.

194

Fisch- und Fleischgerichte

Pesce San Pietro in padella

Petersfisch aus der Pfanne

Zutaten für 4 Personen:

- *3 Knoblauchzehen*
- *3 EL kalt gepresstes Olivenöl*
- *2–3 EL Butter*
- *4 Filets vom Petersfisch*
- *2 Zweige Thymian*
- *200 ml trockener Weißwein*
- *Salz*
- *schwarzer Pfeffer aus der Mühle*

- Den Knoblauch schälen. In einer großen Pfanne Olivenöl und Butter erhitzen. Den Knoblauch darin anschwitzen. Die Fischfilets vorsichtig einlegen und ca. 2 Min. anbraten.

- Mit einem Pfannenheber wenden und auf der anderen Seite weitere 2 Min. braten. Thymian sowie Weißwein zufügen. Die Fischfilets salzen und pfeffern. Den Alkohol einkochen lassen und die Filets nochmals wenden.

- Die Filets auf 4 vorgewärmte Teller verteilen und sofort servieren. Dazu passt gedünstetes Sommergemüse.

Code di rospo alla griglia

Gegrillter Seeteufel

Zutaten für 4 Personen:
- *4 Seeteufelfilets (à ca. 150 g)*
- *5 EL kalt gepresstes Olivenöl*
- *Salz*
- *schwarzer Pfeffer aus der Mühle*
- *Zitronenscheiben zum Garnieren*

- Die Filets kalt abspülen und trocken tupfen. Das Öl mit etwas Salz vermischen und die Filets gründlich darin wenden.

- Eine Grillpfanne kräftig erhitzen. Die Filets vorsichtig hineinlegen (das Öl könnte spritzen) und auf jeder Seite etwa 7 Min. grillen.

- Die Seeteufelfilets auf 4 vorgewärmten Tellern anrichten. Nochmals mit Öl beträufeln, salzen und pfeffern. Jede Portion mit Zitronenscheiben garnieren. Sofort servieren.

Variation: Sie können die Seeteufelfilets vor dem Grillen auch marinieren. Hierfür die Filets in eine Schale legen. Das Öl mit Salz und Pfeffer verquirlen, über den Fisch gießen und diesen abgedeckt etwa 1 Std. im Kühlschrank marinieren lassen.

197

Fisch- und
Fleischgerichte

Branzino al forno

Im Ofen gegarter Seebarsch

Zutaten für 4 Personen:
- *1 küchenfertiger Seebarsch (ca. 1 kg)*
- *Salz*
- *1 Zweig Rosmarin*
- *1 Zweig Thymian*
- *2 Knoblauchzehen*
- *3 vollreife Tomaten*
- *2 mittelgroße Kartoffeln*
- *1 Bund Petersilie*
- *kalt gepresstes Olivenöl*
- *200 ml trockener Weißwein*
- *15 schwarze, entsteinte Oliven*

- Den Seebarsch innen und außen sorgfältig unter fließendem kaltem Wasser waschen. Trocken tupfen und außen salzen. Rosmarin und Thymian in die Bauchhöhle legen.

- Den Backofen auf 180 °C vorheizen.

- Den Knoblauch schälen. Die Tomaten waschen, vom Stielansatz befreien und würfeln. Die Kartoffeln schälen und in feine Scheiben schneiden. Die Petersilie waschen, trocken schütteln, die Blätter von den Stielen zupfen und fein hacken.

- In einer großen feuerfesten Pfanne oder Bratform etwas Olivenöl erhitzen. Den Knoblauch darin anschwitzen. Dann behutsam den Fisch einlegen.

- Tomatenwürfel und Kartoffelscheiben um den Fisch herum verteilen. Weißwein und 100 ml Wasser angießen. Mit 1 Prise Salz würzen. Zum Schluss Petersilie und Oliven in die Pfanne oder Bratform geben.

- Den Seebarsch etwa 20 Min. im Ofen garen. Mitsamt dem Gemüse und der Bratflüssigkeit auf einer vorgewärmten Platte anrichten.

Garusoli lessi

Gekochte Purpurschnecken

Zutaten für 4 Personen:
- ***2 kg Purpurschnecken (Strandschnecken)***
- ***kalt gepresstes Olivenöl***
- ***2–3 EL grobes Salz***
- ***Pfeffer aus der Mühle***

- Eine große Schüssel mit kaltem Wasser füllen. Die Purpurschnecken darin gründlich waschen.

- Abgießen und in einen großen Topf geben. Mit kaltem Wasser auffüllen, bis die Schnecken vollständig davon bedeckt sind. Das Ganze erhitzen und zum Kochen bringen. Das Salz hinzufügen und die Schnecken 1 Std. 30 Min. garen.

- Anschließend abseihen. Jeweils das Fleisch aus dem Gehäuse ziehen. Noch warm mit Olivenöl beträufeln und mit Pfeffer übermahlen. Sofort servieren.

Tipp: Purpurschnecken sollten Sie beim Fischhändler vorbestellen, sie sind nicht immer im Angebot.

Sauté di capelunghe (canolicchi)

Scheidenmuscheln mit Weißweinsauce

Zutaten für 4 Personen:
- *Meersalz*
- *1 kg Scheidenmuscheln*
- *1 Knoblauchzehe*
- *kalt gepresstes Olivenöl*
- *200 ml trockener Weißwein*
- *Salz*
- *schwarzer Pfeffer aus der Mühle*
- *3 EL frisch gehackte Petersilie*
- *Zitronenspalten zum Garnieren*

- Eine große Schüssel mit kaltem Wasser füllen. Meersalz einrühren und die Muscheln gründlich im Wasser waschen. Diesen Vorgang zwei bis drei Mal wiederholen, um die Muscheln zu entsanden.

- Den Knoblauch schälen. In einer großen Pfanne etwas Öl erhitzen und den Knoblauch darin anschwitzen. Die Muscheln hinzufügen und unter mehrmaligem Rühren einige Min. garen.

- Die Hitzezufuhr erhöhen. Mit Weißwein ablöschen und diesen einmal stark aufkochen lassen. Salzen und pfeffern. Die Hitze reduzieren, die Pfanne mit einem Deckel verschließen und die Muscheln ca. 5 Min. köcheln lassen, bis sich die Schalen geöffnet haben.

- Die Muscheln mit einem Schaumlöffel aus der Pfanne heben und auf 4 tiefe Teller verteilen. Muscheln, die sich beim Garen nicht geöffnet haben, aussortieren und wegwerfen.

- Jede Portion mit einigen Esslöffeln Muschelsud übergießen, mit Petersilie bestreuen und mit Zitronenspalten garnieren.

Hinweis: Die schwertförmigen Scheidenmuscheln haben ein festes Fleisch und einen aromatischen Geschmack. Man findet sie in flachen Meeresböden, wo sie in vertikalen Vertiefungen im Sand vergraben liegen.

PONTE E CALLE
DE LA
SI ARRESTA

Contorni

Beilagen

Carciofi trifolati

Artischocken mit Petersilie und Knoblauch

Zutaten für 4 Personen:
- *8 kleine violette Artischocken (ersatzweise grüne Artischocken)*
- *1 Knoblauchzehe*
- *1 großes Bund Petersilie*
- *3 EL kalt gepresstes Olivenöl*
- *Salz*
- *schwarzer Pfeffer aus der Mühle*

- Die Artischocken waschen. Die äußeren Blätter entfernen und von allen anderen Blättern die Spitzen mit einer Küchenschere auf die gleiche Länge schneiden, damit die Artischocken kopfüber gestellt werden können. Die Stiele bis auf einen Rest von 3–4 cm einkürzen.

- Die Artischocken kopfüber dicht nebeneinander in einen Topf platzieren; dabei darauf achten, dass sie nicht umfallen können.

- Den Knoblauch schälen und fein hacken. Die Petersilie waschen, trocken schütteln, die Blätter von den Stielen zupfen und ebenfalls fein hacken.

- Die Artischocken mit 2 Esslöffeln Olivenöl beträufeln, salzen und pfeffern. Den Knoblauch und die Hälfte der Petersilie darüberstreuen. Den Topf mit Wasser füllen, bis die Artischocken vollständig davon bedeckt sind.

- Den Topf mit einem Deckel verschließen, das Ganze erhitzen und die Artischocken bei mittlerer Hitze 20 bis 25 Min. garen, bis sie weich sind.

- Anschließend abgießen und abtropfen lassen. Auf 4 vorgewärmte Beilagenteller je 2 Artischocken setzen. Mit Olivenöl beträufeln, mit Petersilie bestreuen und sofort servieren.

211

Beilagen

Insalata di fagioli e cipolla

Bohnen-Zwiebel-Salat

Zutaten für 4 Personen:
- *300 g frische dicke Bohnen (Saubohnen)*
- *1 Knoblauchzehe*
- *Salz*
- *1 weiße Zwiebel*
- *4 EL kalt gepresstes Olivenöl*
- *2 EL Weißweinessig*
- *schwarzer Pfeffer aus der Mühle*
- *2 EL frisch gehacktes Basilikum*

- Die Bohnenkerne aus den Hülsen drücken und unter Fließendem kaltem Wasser waschen. Die Knoblauchzehe schälen. Gemeinsam mit den Bohnen in einen Topf mit reichlich Wasser geben.

- Das Ganze erhitzen, zum Kochen bringen und salzen. Die Hitze reduzieren und die Bohnen zugedeckt in etwa 30 Min. weich garen. Anschließend abgießen, abtropfen und kurz abkühlen lassen.

- Die Zwiebel schälen und in feine Ringe schneiden. In eine Schüssel geben und die Bohnenkerne zufügen. Olivenöl, Weißweinessig, Salz und Pfeffer zu einer Marinade verrühren. Den Bohnensalat damit marinieren, mit Basilikum bestreuen und lauwarm oder kalt servieren.

Tipp: Dicke Bohnen haben von Mitte Mai bis Ende August Saison. Sollten Sie keine frischen bekommen können, verwenden Sie entweder getrocknete oder Konservenware. Getrocknete dicke Bohnen müssen über Nacht in Wasser eingeweicht und am nächsten Tag langsam weichgekocht werden, was bis zu 1 Std. dauern kann. Bitte kein Salz ins Kochwasser geben, das verzögert den Garprozess. Dicke Bohnen aus der Dose oder dem Glas sind meist vorgegart und verzehrfertig, sie müssen lediglich abgegossen werden. Dicke Bohnen sind sehr gesund, sie enthalten recht wenig Kalorien, aber dafür viele wertvolle Mineralstoffe.

213
Beilagen

Polenta bianca

Weiße Polenta

Zutaten für 4–6 Personen:
- *1 EL grobes Meersalz*
- *800 g weiße Polenta*

- In einem Topf mit schwerem Boden 2 l Wasser zum Kochen bringen. Meersalz dazugeben und die Polenta nach und nach zufügen. Dabei ständig mit einem Kochlöffel oder Schneebesen rühren, damit sich keine Klumpen bilden.

- Die Temperatur reduzieren und die Polenta unter laufendem Rühren etwa 35 Min. garen (Instantpolenta benötigt ca. 10 Min. Garzeit).

- Sobald der Polentabrei sämig, aber fest ist, den Inhalt des Topfes auf ein Holz- oder Marmorbrett stürzen. Mit einem Kochlöffel etwa 10 cm dick verstreichen.

- In dicke Scheiben schneiden und sofort servieren.

Tipp: Polenta kann auch kalt verzehrt werden, heiß schmeckt sie allerdings besser. Reste vom Vortag können Sie in etwas Butter oder Olivenöl anbraten.
Weiße Polenta ist eine regionale Spezialität Venetiens, sie besteht aus einer helleren, geschälten Maissorte und schmeckt sehr delikat. Sie passt zu Wild, Fleisch, Fisch und Geflügel und kann zudem nach Belieben mit Trüffeln, Steinpilzen, getrockneten Tomaten oder Kräutern aromatisiert werden.

Radicchio di Chioggia brasato

Gedünsteter Radicchio

Zutaten für 4 Personen:
- *800 g Radicchio*
- *2 EL kalt gepresstes Olivenöl*
- *200 ml Gemüsefond oder trockener Rotwein*
- *Salz*
- *schwarzer Pfeffer aus der Mühle*

- Den Radicchio jeweils vom Strunk befreien und unansehnliche, äußere Blätter entfernen. Unter fließendem kaltem Wasser gründlich abbrausen. Abtropfen lassen und jeweils vierteln.

- In einer großen Pfanne das Olivenöl und etwas Gemüsefond oder Rotwein sehr heiß werden lassen. Die Radicchiostücke einlegen und unter mehrmaligem Wenden anbräunen.

- Restlichen Gemüsefond oder Rotwein angießen, die Hitze reduzieren und den Radicchio etwa 15 Min. offen schmoren lassen. Eventuell noch etwas Fond oder Rotwein zufügen, damit der Radicchio nicht zu trocken wird.

- Mit Salz sowie Pfeffer würzen und sehr heiß servieren.

Tipp: Diese Beilage passt zu Fisch- und Fleischgerichten. Wenn Sie den Radicchio unter frisch gekochte Spaghetti mengen, das Ganze mit Olivenöl beträufeln und mit reichlich Parmesan bestreuen, schmeckt das auch sehr lecker.

Verze sofegae

Geschmorter Wirsing

Zutaten für 6 Personen:
- *1 mittelgroßer Kopf Wirsing*
- *1 kleine Zwiebel*
- *3 EL kalt gepresstes Olivenöl*
- *Salz*
- *schwarzer Pfeffer aus der Mühle*
- *200 ml Gemüsebrühe oder -fond*
- *1 Zweig Rosmarin*
- *1 Schuss Weißweinessig*

- Den Wirsing putzen, vom Strunk befreien und waschen. Die Blätter in feine Streifen schneiden.

- Die Zwiebel schälen und fein hacken. Das Olivenöl in einer großen Kasserolle erhitzen und die Zwiebel darin anschwitzen.

- Die Wirsingstreifen hinzufügen. Salzen, pfeffern und zugedeckt bei geringer Hitze etwa 45 Min. schmoren lassen. Dabei gelegentlich umrühren.

- Nach der Hälfte der Garzeit Gemüsebrühe oder -fond angießen und den Rosmarinzweig dazugeben.

- Zum Schluss mit Weißweinessig und nochmals mit Salz sowie Pfeffer abschmecken.

Tipp: Geschmorter Wirsing passt zu Fleisch- und Fischgerichten. In unseren Breiten wird er als Beilage gerne mit Sahne und Butter verfeinert. Wirsing ist das ganze Jahr über erhältlich, außerdem sind seine Blätter zarter als die der meisten anderen Kohlsorten.

219
Beilagen

Zucca al forno

Gebackener Kürbis

Zutaten für 6 Personen:
- *1 mittelgroßer Butternusskürbis*
- *Salz*
- *schwarzer Pfeffer aus der Mühle*
- *2–3 kleine Zweige Rosmarin*
- *4 EL kalt gepresstes Olivenöl*
- *100 g Semmelbrösel*

- Den Kürbis halbieren und Kerne sowie Fäden ausschaben. Die Kürbishälften schälen und das Fruchtfleisch in etwa 1 cm dicke Spalten schneiden.

- Den Backofen auf 180 °C vorheizen.

- Die Kürbisspalten auf ein Backblech legen. Salzen, pfeffern, mit 3 Esslöffeln Olivenöl beträufeln und die Rosmarinzweige auf den Spalten verteilen. Gute 10 Min. marinieren lassen.

- Mit Semmelbröseln bestreuen und ca. 10 Min. im Ofen backen, bis die Oberfläche goldbraun ist. Die Kürbisspalten herausnehmen, mit dem restlichen Öl beträufeln und sofort heiß servieren.

Hinweis: Der Kürbis ist bei diesem Rezept noch leicht bissfest. Wenn Sie ihn weicher bevorzugen, sollten Sie die Garzeit auf 30 Min. erhöhen. Durch das Backen im Ofen wird der nussige Geschmack des Kürbis verstärkt und er erhält ein fast karamellartiges Aroma, das wunderbar zu Geflügel und Fleisch passt.

Dolci

Desserts

Bussolà buraneo

Bussolà buraneo

Zutaten für ca. 60 Stück
- ***500 g Mehl Type 405***
- ***300 g Zucker***
- ***1 Prise Salz***
- ***ausgekratztes Mark von 1 Vanilleschote***
- ***2 TL Rum- oder Zitronenaroma***
- ***6 Eigelb***
- ***150 g weiche Butter***
- ***Mehl für die Arbeitsfläche***

- Den Backofen auf 170 °C vorheizen.

- Das Mehl in eine große Schüssel geben. Eine Mulde in die Mitte drücken. Zucker, Salz, Vanillemark, Rum- oder Zitronenaroma sowie die Eigelbe hineingeben.

- Die Zutaten mit beiden Händen verkneten, dann die Butter einarbeiten. So lange kneten, bis ein glatter, formbarer Teig entsteht.

- Zwei Bleche mit Backpapier belegen. Den Teig auf einer bemehlten Arbeitsfläche zu runden kleinen Kringeln oder S-förmigen Keksen formen. Mit ausreichendem Abstand zueinander auf die Bleche legen.

- Ein mit Wasser gefülltes, feuerfestes Gefäß auf den Boden des Ofens stellen. Der Wasserdampf sorgt dafür, dass die Kekse eine schöne goldene Färbung erhalten.

- Die Kekse im Ofen in 15 bis 20 Min. goldbraun backen. Anschließend auf dem Blech abkühlen lassen.
  Auf einer hübschen Servierplatte arrangieren und zu einem aromatischen Espresso oder einem süßen Dessertwein wie Vin Santo servieren.

Wissenswertes: Bussolà buraneo sind eine Spezialität der Insel Burano in der Lagune von Venedig. Bussolà bedeutet „Kompass“ und bezieht sich auf die runde Form der Kekse, die auch S-förmig sein können. Diese Kekse wurden ursprünglich für den Verzehr am Ostersonntag gebacken, werden heute jedoch das ganze Jahr über in den Konditoreien von Burano angeboten.

227 Il merletto di Burano

Die Spitzenstickereien von Burano

Der Legende nach beruht die Entstehung der Spitzenstickereien von Burano auf der Geschichte eines jungen verlobten Paares. Der junge Mann, der Fischer war, befand sich mit seinem Boot gerade auf dem Rückweg zur Insel, als er kurz vor dem Ufer den betörenden Gesang einer Gruppe von Sirenen vernahm. Aus Liebe zu seiner Braut widerstand er jedoch der Verlockung. Die Königin der Sirenen war von seiner Treue so beeindruckt, dass sie beschloss, ihm ein Geschenk zu machen: sie schlug mit ihrem Schwanz gegen den Bootsrand und aus dem Schaum, der sich durch das aufgewühlte Wasser bildete, entstand ein Brautschleier mit feinsten Stickereien. Am Hochzeitstag bewunderten alle Mädchen der Insel neidvoll den Schleier der jungen Braut. Der Schleier war so schön, dass alle Frauen zu sticken begannen, um eine ebensolche Spitzenstickerei ihr Eigen nennen zu können.

Die Spitzenstickerei von Burano setzte etwa im 16. Jahrhundert ein, sie verhalf der Insel zu Wohlstand, Ruhm und Zeiten großer schöpferischer Betriebsamkeit. Edle Spitzen waren im Mittelalter Ausdruck von Reichtum und wurden vor allem von europäischen Königsfamilien geschätzt, die sie bei repräsentativen Veranstaltungen zur Schau trugen. Bei der Krönungszeremonie von Anna und Richard III. von England am 22. Juni 1483 trug Königin Anna zum Beispiel einen reich mit Spitzenstickereien von Burano versehenen Umhang. Spitzenstickerei wurde derart berühmt und begehrt, dass einige Stickerinnen aus Burano nach Frankreich berufen wurden, um ihr Kunsthandwerk dort anderen zu lehren. Auf diese Weise entwickelte sich die französische Spitzenstickereiproduktion zur stärksten Konkurrenz derjenigen von Burano, wenngleich sie deren Qualität nie erreichte.

Mit dem Untergang der Venezianischen Republik Ende des 18. Jahrhunderts erfuhr der Handel eine schwere Krise und somit auch die Spitzenstickerei von Burano. Mitte des 19. Jahrhunderts war dieses Kunsthandwerk, das nur noch

von wenigen alten Frauen beherrscht wurde, nahezu in Vergessenheit geraten.
Die wirtschaftliche Lage der Insel war desolat. Da gründeten vornehme Italienerinnen 1872 in Burano die Spitzenschule Scuola di Merletti. Dank dem Wissen der alten Stickerin Vincenza Memo, auch Cencia Scarpaiola genannt, wurde die alte Tradition wiederbelebt. Die Schule lehrte nicht nur das Handwerk, sie verkaufte ihre Erzeugnisse auch und war daher in der Lage, ihre Schülerinnen zu entlohnen.
Die Spitzenstickerinnen von Burano teilten die Arbeit üblicherweise unter sich auf. Jede spezialisierte sich auf einen bestimmten Arbeitsvorgang, mit dem Ziel, darin schneller und besser zu werden. Ein Werkstück konnte im Laufe der Herstellung durch sieben verschiedene Hände gehen.
Die Schule wurde 1970 geschlossen und die Kunst der Spitzenstickerei wurde nur noch von von Privatpersonen ausgeübt. Die ehemalige Schule wurde 1981 in ein Museum für Spitzenstickerei umgewandelt; es ist unlängst renoviert worden und präsentiert heute Stücke, die historisch und kulturell von unschätzbarem Wert sind. In einer Abteilung des Museums kann der Besucher Spitzenstickerinnen bei der Arbeit über die Schulter blicken und sich einen Eindruck über die hohe Kunst, die hier einst ausgeübt wurde, verschaffen.

231
Desserts

I biscotti di Mirco

Mirkos Kekse

Zutaten für ca. 30 Stück:
- *150 g weiße Schokolade*
- *80 g Walnusskerne*
- *300 g Mehl Type 405*
- *1 Ei*
- *160 g weiche Butter*
- *100 g Zucker*
- *1 Prise Salz*
- *1 Päckchen Backpulver*

- Den Backofen auf 180 °C vorheizen.

- Die Schokolade in kleine Stücke hacken oder brechen. Die Nüsse fein hacken. Das Mehl durchsieben, das Ei verquirlen. Butter und Zucker in einer Schüssel mit einem Handrührgerät schaumig rühren. Das Ei untermengen. Dann Mehl, Salz und Backpulver gründlich unterrühren. Zum Schluss die weiße Schokolade und die Nüsse untermengen. Ein Blech mit Backpapier belegen.

- Aus dem Teig kleine Kugeln mit einem Durchmesser von 2 bis 3 cm formen. Auf das Blech legen und leicht flach drücken.

- Die Kekse im Ofen in 10 bis 12 Min. goldbraun backen. Auf dem Blech abkühlen lassen. Entweder sofort servieren oder in einer gut schließenden Dose aufbewahren.

Galani

Galani (Frittiertes Gebäck)

Zutaten:
- *60 g Butter*
- *300 g Mehl Type 405*
- *2 Eier*
- *60 g feiner Zucker*
- *100 ml Milch*
- *4 cl Grappa*
- *1 Prise Salz*
- *1,5 l neutrales Öl zum Frittieren*
- *Mehl für die Arbeitsfläche*
- *Puderzucker zum Bestäuben*

- Die Butter in einem kleinen Topf zerlassen.

- Das Mehl in eine große Schüssel sieben. Eine Mulde in die Mitte drücken. Eier, Butter, Zucker, Milch, Grappa und Salz hineingeben.

- Die Zutaten mit beiden Händen zu einem glatten, kompakten Teig verarbeiten. Den Teig zur Kugel formen, in Klarsichtfolie hüllen und 15 Min. ruhen lassen.

- Anschließend vierteln und jeden Teil auf einer bemehlten Arbeitsfläche so dünn wie möglich ausrollen. Die Teigplatten mit einem Teigrädchen in Rauten oder Rechtecke schneiden. Jede Raute oder jedes Rechteck einmal in der Mitte einschneiden.

- Das Öl in einem großen, flachen Topf auf 190 °C erhitzen. Ein Teigstück zur Probe einlegen, es sollte innerhalb von 45 Sek. goldgelb sein, dann wenden und auf der anderen Seite ebenfalls 45 Sek. frittieren. Die Teigstücke portionsweise goldgelb ausbacken. Mit einem Schaumlöffel herausheben und auf Küchenpapier abtropfen lassen.

- Die Galani dick mit Puderzucker bestäuben und auf einer hübschen Platte anrichten.

237

Desserts

Meringa all'italiana

Italienische Baisertorte

Zutaten für 1 Torte:

Für den Biskuitboden

- ***5 Eier***
- ***150 g Zucker***
- ***1 Päckchen Vanillezucker***
- ***150 g Mehl Type 405***

Für die Chantilly-Creme

- ***500 ml Milch***
- ***abgeriebene Schale von ½ unbehandelten Zitrone***
- ***3 Eigelbe***
- ***100 g Zucker***
- ***80 g Mehl Type 405***
- ***500 g Sahne***

Für das Baiser

- ***400 g Eiweiß***
- ***700 g Zucker***

Außerdem

- ***ca. 100 ml Milch***
- ***10 cl Baileys Irish Cream (Whiskeylikör mit Sahne)***

Für den Biskuitboden

- Den Backofen auf 140 °C vorheizen. Eine Springform mit 26 cm Durchmesser mit Backpapier auskleiden.

- Die Eier trennen. Die Eiweiße zu steifem Schnee schlagen. Eigelbe, 5 Esslöffel kaltes Wasser, Zucker und Vanillezucker mit dem Handrührgerät schaumig schlagen. So lange rühren, bis die Masse fast weiß ist. Den Eischnee daraufgeben und das Mehl darüber sieben. Das Ganze mit einem Spatel behutsam vermengen.

- Den Teig in die Form füllen, glatt streichen und im Ofen 30 bis 40 Min. backen. Um zu prüfen, ob der Boden fertig ist, die Stäbchenprobe machen: Einen Holzspieß in die Mitte stecken, beim Herausziehen sollten keine Teigreste an dem Spieß haften. Den Boden in der Form auf einem Kuchengitter abkühlen lassen.

Für die Chantilly-Creme

- Die Milch gemeinsam mit der Zitronenschale bis kurz vor den Siedepunkt erhitzen.

- Eigelbe und Zucker mit einem Schneebesen in einem feuerfesten Topf schaumig schlagen. Das Mehl dazusieben und untermengen. Nach und nach die heiße Milch unter die Eigelbmasse rühren. Den Topf auf den Herd stellen und die Masse unter laufendem Rühren bei mittlerer Hitze 4 bis 6 Min. köcheln lassen.

- In eine Schüssel abfüllen, mit einem feuchten Geschirrtuch abdecken und abkühlen lassen. Die Sahne steif schlagen. Sobald die Creme abgekühlt ist, die Schlagsahne unterheben. Die Creme beiseitestellen.

>>>

Für das Baiser
- Das Eiweiß zu steifem Schnee schlagen, dabei den Zucker nach und nach einrieseln lassen, bis der Schnee feste Spitzen zieht.

Fertigstellen der Torte
Den Boden in 3 gleich dicke Böden schneiden. Milch und Likör erhitzen. Jeden Boden mit etwas warmer Milch tränken.

Die Chantilly-Creme auf den 3 Böden verstreichen. Die Böden vorsichtig zu einer Torte zusammensetzen. Die Oberfläche und die Ränder der Torte mit Baisermasse bedecken. Dabei mit einem Löffelrücken Spitzen ziehen. Die Baiserhaube mit einem Bunsenbrenner bräunen. Alternativ die Torte bei 250 °C Oberhitze kurz in den Ofen stellen, so dass die Baiserhaube gerade braun wird, aber nicht durchbäckt.

Tipp: Sie können die Baisermasse auch portionsweise in einen Spritzbeutel mit Sterntülle füllen und als hübsches Muster auf die Torte aufbringen, bevor sie das Baiser bräunen.

CALLE
DELLE
BOTTE

Tiramisù

Tiramisu

Zutaten für 4–6 Personen:
- *250 ml frisch zubereiteter Espresso (ca. 6 Espresso-Tassen)*
- *270 g Zucker*
- *1 TL Marsala (sizilianischer Süßwein)*
- *5 Eier*
- *1 Prise Salz*
- *500 g Mascarpone*
- *200 g Löffelbiskuits*
- *Kakaopulver zum Bestäuben*

- Den Espresso zubereiten und in einen tiefen Teller gießen. 2 Esslöffel Zucker und den Marsala unterrühren.

- Die Eier trennen. Die Eiweiße in eine saubere, hohe Rührschüssel geben. Das Salz zufügen und die Eiweiße mit einem Handrührgerät sehr steif schlagen. Den Eischnee beiseitestellen.

- Restlichen Zucker und Eigelbe mit einem Handrührgerät in einer Schüssel ca. 3 Min. lang schaumig rühren. Den Mascarpone gründlich untermengen. Zum Schluss den Eischnee unterziehen.

- Die Hälfte der Löffelbiskuits einzeln kurz in den Espresso tauchen und eine flache, rechteckige Auflaufform (etwa 30 x 18 cm) damit auslegen. Die Hälfte der Mascarponecreme auf den Löffelbiskuits verstreichen.

- Restliche Löffelbiskuits in Espresso tauchen und gleichmäßig auf der Mascarponecreme verteilen. Als letzte Schicht die restliche Mascarponecreme in die Form geben.

- Das Tiramisu in den Kühlschrank stellen und einige Std. oder über Nacht durchziehen lassen.

- Vor dem Servieren dick mit Kakaopulver bestäuben.

Tipps: Verwenden Sie für Tiramisu stets nur garantiert frische Eier und bewahren Sie das Dessert nicht länger als 2 Tage im Kühlschrank auf.
Die Löffelbiskuits sollten nicht zu lange, aber auch nicht zu kurz in den Espresso getaucht werden. Werden sie zu stark durchtränkt, könnten sie brechen – werden sie zu zaghaft eingetaucht, sind sie zu trocken.
Sie können das Kakaopulver auch sofort nach Fertigstellung über das Tiramisu sieben. Dann nimmt das Kakaopulver eine schöne dunkle Farbe an und ist nicht zu trocken. Ein zu trockenes Kakaopulver könnte beim Verzehr in die Atemwege gelangen.

245

Desserts

Crema di zucca con le giuggiole

Kürbiscreme mit Jujuben

Zutaten:
- *400 g Kürbisfruchtfleisch*
- *400 ml Milch*
- *160 g Zucker*
- *1 Vanilleschote*
- *4 Scheiben Blätterteig (aus dem Kühlregal)*
- *25 Jujuben (rote Datteln, ersatzweise Sauerkirschen) Puderzucker zum Bestäuben*

Tipp

Hokkaidokürbis eignet sich für dieses Rezept besonders gut – sein nussiges Aroma harmoniert wunderbar mit den leicht säuerlichen Jujuben. Da Hokkaido im Vergleich zu anderen Kürbissorten eine relativ dünne Schale hat, muss er vor dem Kochen eigentlich nicht geschält werden – die Creme wird allerdings feiner, wenn das Fruchtfleisch zuvor von der Schale befreit wurde.

- Den Ofen auf 180 °C vorheizen.

- Den Kürbis schälen, das Fruchtfleisch von Kernen und Fasern befreien und in kleine Würfel schneiden.

- Die Milch mit 130 g Zucker verrühren und in einen großen Topf geben. Die Vanilleschote längs aufschlitzen und hinzufügen. Die Kürbiswürfel zugeben.

- Das Ganze erhitzen, zum Kochen bringen und anschließend bei mittlerer Hitze köcheln lassen, bis das Kürbisfruchtfleisch sehr weich ist.

- Inzwischen die Blätterteigscheiben auf ein Backblech legen und nach Packungsanweisung 10 bis 15 Min. im Backofen backen.

- Die Vanilleschote aus der Milch entfernen und den Topfinhalt im Mixer fein pürieren.

- Restlichen Zucker in einer Pfanne bei mittlerer Hitze karamellisieren lassen und die Jujuben (oder Sauerkirschen) gründlich darin wenden.

- Den gebackenen Blätterteig in schmale, etwa 4 cm breite Streifen schneiden und dick mit Puderzucker bestäuben.

- Die Kürbiscreme auf 4 Dessertschalen verteilen und jeweils mit karamellisierten Jujuben oder Sauerkirschen versehen. Auf jede Schale 1 bis 2 Blätterteigstreifen legen.

Torta di mele

Apfelkuchen

Zutaten für 1 Blech:
Für die Creme
- ***35 g Mehl Type 405***
- ***35 g Speisestärke***
- ***160 g Zucker***
- ***ausgekratztes Mark von 1 Vanilleschote***
- ***2 Eigelbe***
- ***1 Ei***
- ***500 ml Milch***

Für den Belag
- ***2 Äpfel***
- ***Saft von 1 Zitrone***
- ***2 EL Zucker***

Für den Teig
- ***450 g Blätterteig (aus dem Kühlregal)***

Zubereitung der Creme
- In einer Schüssel Mehl, Speisestärke, Zucker und Vanillemark gut vermengen. Eigelbe sowie ganzes Ei zufügen und das Ganze mit einem Handrührgerät gründlich verquirlen. Dabei nach und nach die Milch unterrühren, bis die Masse glatt und klümpchenfrei ist.

- In einen Topf füllen, erhitzen und unter laufendem Rühren mit einem Schneebesen köcheln lassen, bis die Creme eindickt. Vom Herd nehmen und abkühlen lassen.

- Den Backofen auf 180 °C vorheizen.

Zubereitung des Belags
- Die Äpfel waschen, halbieren, jeweils vom Kerngehäuse befreien und das Fruchtfleisch in dünne Scheiben schneiden. In eine flache Schüssel geben, mit Zitronensaft beträufeln und mit Zucker bestreuen.

Fertigstellung des Kuchens
- Von der Blätterteigrolle ein Drittel wegschneiden; es wird später für das Streifenmuster benötigt. Ein tiefes Backblech mit Backpapier belegen und den restlichen Blätterteig darauf ausbreiten. Dabei rundherum einen ca. 2 cm dicken Rand hochziehen.

- Den Teig gleichmäßig mit der Creme bestreichen. Die Apfelscheiben darauf verteilen. Aus dem zuvor beiseite gelegten Teig Stränge formen und diese als Querstreifen auf dem Kuchen fixieren, dabei gut an den Rändern festdrücken.

- Den Apfelkuchen etwa 40 Min. backen. Lauwarm oder abgekühlt servieren.

251
Desserts

Crema agli amaretti

Amaretti-Creme

Zutaten für 4 Personen:
- *4 frische Eigelbe*
- *5 EL Zucker*
- *150 ml trockener Marsala (Marsala Secco, sizilianischer Süßwein)*
- *100 g Amaretti (italienische Makronen)*

- In einer Schüssel die Eigelbe und den Zucker mit einem Handrührgerät ca. 3 Min. lang schaumig rühren. Den Marsala gründlich untermischen.

- 4 Amaretti in 4 Dessertschalen zerbröseln und jeweils mit Creme bedecken.

- Jede Portion mit 4 bis 5 ganzen Amaretti garnieren. Das Dessert vor dem Servieren etwa 2 Std. kühl stellen.

Hinweis: Marsala von guter Qualität erhalten Sie in italienischen Feinkostläden. Er hat im Durchschnitt einen Alkoholgehalt von 15 bis 20 % Vol. Goldener bzw. bernsteinfarbener Marsala wird aus den weißen Traubensorten Grillo, Cataretto und Inzolia hergestellt. Der eher seltene rote Marsala wird aus den Rebsorten Nerello Mascalese, Nero d'Avola und Perricone gekeltert. Marsala wird entweder als Aperitif oder als Dessertwein gereicht.

253

Desserts

Zaleti

Zaleti

Zutaten für ca. 60 Stück:
- *350 g gelbes Maismehl*
- *200 g Weizenmehl Type 405*
- *1 Päckchen Trockenhefe (4 g)*
- *100 g weiche Butter*
- *1 Prise Salz*
- *1 Päckchen Vanillezucker*
- *150 g Zucker*
- *2 große Eier*
- *200 g Sultaninen*
- *Mehl für die Arbeitsfläche*

- Den Backofen auf 145 °C vorheizen. 2 Bleche mit Backpapier belegen.

- Maismehl, Weizenmehl und Trockenhefe vermengen, dann durchsieben. Die Butter in kleine Stücke schneiden und in eine Schüssel geben. Salz, Vanillezucker sowie Zucker zufügen und das Ganze mit einem Handrührgerät verquirlen, bis die Masse schaumig und weiß ist.

- Die Eier unter ständigem Rühren einzeln unterarbeiten. Die Mehl-Hefe-Mischung gründlich unterrühren, bis ein glatter Teig entsteht. Zum Schluss die Sultaninen untermischen.

- Aus dem Teig auf bemehlter Arbeitsfläche Rollen von 3 bis 4 cm Durchmesser formen. Diese in Scheiben schneiden und zu walnussgroßen Kugeln rollen. Die Kugeln mit ausreichendem Abstand zueinander auf die Bleche legen und leicht flach drücken.

- Die Kekse im Backofen in 20 bis 25 Min. goldbraun backen. Anschließend herausnehmen und abkühlen lassen.

Wissenswertes: Zalo bedeutet im venezianischen Dialekt „gelb". Die Bezeichnung „Zaleti" für diese Kekse rührt von ihrer goldgelben Farbe, die durch die Verwendung von Maismehl erzielt wird.

Tipp: Weichen Sie die Sultaninen vor der Verwendung 5 Min. in lauwarmem Wasser ein, dann werden sie beim Backen nicht so hart.

Sgroppino

Zitronensorbet mit Prosecco und Wodka

Zutaten für 4 Personen:
- ***3 EL Sahne***
- ***15 cl Prosecco***
- ***5 cl Wodka***
- ***4 EL Zitroneneis (Fertigprodukt)***

- Sahne, Prosecco und Wodka getrennt 30 Min. vor der Zubereitung in das Gefrierfach stellen. Die Gläser, in denen das Sorbet später serviert wird, ebenfalls kühl stellen.

- Zitroneneis, Sahne und Prosecco in einem hohen Rührgefäß mit einem Handrührgerät kräftig verquirlen. Den Wodka hinzufügen und das Ganze erneut kräftig durchrühren.

- Das Sorbet in 4 gekühlte Gläser füllen und sofort servieren. Bussolà buraneo (Kekse, Rezept siehe Seite 222) dazu reichen.

Variation: Mit selbst gemachtem Zitroneneis schmeckt das Sorbet natürlich noch besser. Hierfür 60 g Zucker und 2 Esslöffel Milch erhitzen und 1 Min. kochen lassen. 250 ml frisch gepressten Zitronensaft unterrühren, das Ganze vom Herd nehmen und abkühlen lassen. 150 g steif geschlagene Sahne unterziehen, die Masse in eine Schüssel aus Edelstahl füllen und mindestens 3 Std. einfrieren. Ergibt 4 Portionen.

258 Fritole venessiane (frittelle)

Desserts

Venezianisches Schmalzgebäck

Zutaten:
- *130 g Sultaninen*
- *8 cl Grappa*
- *42 g frische Hefe (1 Würfel)*
- *500 g Mehl Type 405*
- *2 Eier*
- *100 ml Milch*
- *80 g feiner Zucker*
- *abgeriebene Schale von 1 unbehandelten Zitrone*
- *1 Prise Zimtpulver*
- *1 Prise Salz*
- *1,5 l neutrales Öl zum Frittieren*
- *Puderzucker zum Bestäuben*

- Die Sultaninen in eine kleine Schale geben, mit dem Grappa übergießen und 1 Std. einweichen lassen.

- Die Hefe in eine Tasse mit 50 ml warmem Wasser bröckeln und darin auflösen. Das Mehl in eine große Schüssel füllen. In die Mitte eine Mulde drücken. Eier, Milch, Zucker, Zitronenschale, Zimt und Salz in die Mulde geben. Die Zutaten mit beiden Händen oder den Knethaken eines Handrührgeräts gut vermengen. Dann das Hefewasser und die Sultaninen mitsamt Grappa gründlich untermischen. Die Schüssel mit einem Geschirrtuch bedecken und den Teig an einem warmen Ort etwa 1 Std. gehen lassen, bis er sein Volumen verdoppelt hat.

- Das Öl in einem hohen Topf auf ca. 180 °C erhitzen. Vom Teig mit einem Teelöffel kleine Bällchen abstechen und diese portionsweise im heißen Öl goldgelb frittieren. Dabei mehrmals wenden. Mit einem Schaumlöffel herausnehmen und auf Küchenpapier abtropfen lassen.

- Auf einem großen Servierteller anrichten und dick mit Puderzucker bestäuben. Sofort warm servieren.

Wissenswertes: Ähnlich wie Galani (siehe Rezept Seite 233) werden Frittelle traditionsgemäß während des Karnevals in Venedig gereicht. Italiener trinken dazu gerne ein Glas gut gekühlten Prosecco.
Bis zum Ende des 19. Jahrhunderts gab es überall in den Straßen kleine Stände, in denen Frittelle frisch gemacht und feilgeboten wurden. Die Hersteller und Verkäufer des Gebäcks wurden „Fritoleri“ genannt und besaßen für ihre Tätigkeit einen eigenen Gewerbeschein.

263

Vini

Weine

„Das Projekt Venissa beruht auf zwei hauptsächlichen Faktoren: Leidenschaft für guten Wein und tiefer Verbundenheit zur Heimaterde. Der Weinanbau auf den Laguneninseln Venedigs lässt sich bis ins 15. Jahrhundert zurückverfolgen. Eine besondere Rolle spielte dabei die antike Rebsorte „Dorona di Venezia", wegen der strahlend goldgelben Farbe der Beeren auch „Uva d'Oro" (Goldene Traube) genannt. Diese Traube wurde nach ausgiebigen Recherchen in den alten Weingärten wieder neu gepflanzt.
Der Geschmack eines Weins wird von mannigfachen Umständen beeinflusst, nämlich vom Boden, dem Klima, der Anbauweise und natürlich von der besonderen Eigenschaft der Rebsorte. In der Lagune Venedigs kommen noch der salzhaltige Wind und regelmäßige Überschwemmungen hinzu, und diesem besonderen Milieu ist es zu verdanken, dass in dieser Region einzigartige Weine gedeihen. Doch nicht nur Weine, sondern auch Obst- und Gemüsesorten, die hier kultiviert werden, haben einen besonderen Geschmack. Aufgrund des empfindlichen Wechselspiels zwischen Erde und Wasser ist das Aroma dieser Produkte voller und reichhaltiger.
Reben, die im besonderen Milieu der Lagune wachsen, entwickeln naturgemäß einzigartige Charakteristiken. Die Dorona-Traube bildet die Grundlage eines ebenso seltenen wie wertvollen Weines, der sich nach seinem Geburtsort nennt: Venissa.
Die ständig wechselnden klimatischen Verhältnisse stellen für einen Winzer eine Herausforderung dar, und es bedarf langjähriger Erfahrung, um qualitativ hochwertige Weine hervorzubringen. Die Familie Bisol produziert seit nunmehr 21 Generationen Wein sowie Prosecco und bewirtschaftet heute 50 Hektar Rebland. Tradition und moderne Produktionsverfahren sind bei uns untrennbar miteinander verwoben. Die lange, ereignisreiche Geschichte der Stadt Venedig prägte auch unser Unternehmen. Wir fühlen uns in dieser Gegend tief verwurzelt und unsere Erzeugnisse spiegeln die Eigentümlichkeit dieser Landschaft wider."

Gianluca Bisol,
Generaldirektor des Weinguts Bisol

Venissa

Rebsorte: Dorona
Anbaugebiet: Gebiet um Venedig, Insel Mazzorbo

Scarpa-Volo ist ein Musterbeispiel für einen „ummauerten Weingarten". Einige Mauern stammen aus dem 18. Jahrhundert. Die Anbaufläche beträgt 2 Hektar, wobei auf der einen Hälfte Wein und auf der anderen Hälfte Gemüse, Obst und Pfirsiche angebaut werden. Die neu gepflanzte Rebsorte Dorona wurde 2010 erstmals geerntet und der daraus gekelterte Wein kam 2012 in den Verkauf. Der Wein ist sehr wertvoll, da der Ertrag pro Weinstock und pro Hektar zu den niedrigsten Erträgen der ganzen Welt gezählt wird: 1 Hektar Rebland bringt nur 10 kg Trauben hervor. Der Wein wird in Flaschen vergoren und reift 12 Monate lang.

Farbe: goldgelb
Geschmack: Duft von Kamille, Note von gelbem Apfel und Honig, lang anhaltender, würzig-mineralischer Abgang.
Passt zu: Vorspeisen mit Meeresfrüchten, Risotto mit Fisch, Fischgerichten wie im Ofen gegarter Heilbutt und gebratenen Meerbarben.

BARBARAN
VENETO

Orto

Rebsorte: Malvasia istriana, Vermentino, Fiano
Anbaugebiet: Gärten um Venedig, Insel Sant'Erasmo

Im Jahre 2003 wurden 4,5 Hektar Rebland mit verschiedenen Weinstöcken angelegt. Die Weinstöcke werden nicht eingepropft, da der Salzgehalt der Erde Rebläuse abhält. Hier wird ein altes Drainagesystem angewendet: man fängt Regenwasser auf, um überschüssiges Salz wegzuschwemmen. Orto ist ein Weißwein, der in Edelstahltanks gärt und nicht in Eichenfässern gelagert wird. Im ersten Jahr reift der Wein in Edelstahltanks, im zweiten in Flaschen, danach kommt er in den Verkauf.

Farbe: klares Hellgelb
Geschmack: würzig, sehr blumig, frisch und elegant.
Passt zu: Fischgerichten, Speisen mit Artischocken und Stockfisch.

270

Wein

Rosso Veneziano

Rebsorte: Carmenère, Merlot
Anbaugebiet: Gebiet um Venedig

Die Trauben stammen von zirka 30 Jahre alten Weinreben, die auf der Insel Santa Christina kultiviert wurden. Der Wein wird in Edelstahltanks vergoren und reift dann ein Jahr lang in französischen Eichenfässern.

Farbe: granatrot
Geschmack: herb, doch samtig und ausgewogen, mit Noten von schwarzem Pfeffer, Tabak und Leder.
Passt zu: roten Fleischsorten, insbesondere zu Rindfleisch, würzigem Käse.

273 Mangiare in laguna

Essen gehen in der Lagune

Venissa
Mazzorbo, Fondamenta Santa Caterina, 3
tel. +39 041 5272281
www.venissa.it - info@venissa.it
Das Restaurant befindet sich innerhalb eines ummauerten Weingartens, in dem neben der alten Rebsorte Dorona di Venezia auch Gemüse und Obst angebaut werden. Gekocht wird mit sorgfältig ausgewählten, regionalen Produkten sowie mit Erzeugnissen aus dem eigenen Garten, wobei die traditionelle Küche großgeschrieben wird. Im November 2012 erhielt das Restaurant einen Michelin-Stern.
Hier kommen Pflanzen und Kräuter aus der venezianischen Lagune zum Einsatz, darunter auch Gewächse aus den Salzmarschen, die einst als Heilmittel verwendet wurden.
Eine Reservierung wird empfohlen.

Trattoria Gatto Nero
Burano, via Giudecca 88
tel. +39 041 730120
www.gattonero.com - info@gattonero.it
Die Trattoria wird von Ruggero Bovo und seiner Frau Lucia betrieben.
Die beiden sind darum bemüht, alte traditionelle Rezepte Buranos wiederzuentdecken und verwenden ausschließlich frische Produkte von den benachbarten Inseln sowie von Burano selbst. Um die Auswahl der Weine kümmert sich ihr Sohn Massimiliano, ein ausgebildeter Sommelier. In diesem Familienbetrieb wird großer Wert auf Tradition gelegt; Ruggero, Lucia und Massimiliano lieben ihren Heimatort und kennen viele Anekdoten der Insel.

Rivarosa
Burano, via San Mauro 296
tel. +39 041 735642
www.rivarosa.it - info@rivarosa.it
Restaurant mit Weinstube, das lokale Produkte verarbeitet und sich vor allem auf Fischgerichte spezialisiert hat. Die Terrasse bietet eine herrliche Aussicht auf die Insel Burano.
Außerdem kann der Gast in die Welt der Buraner Spitze eintauchen. Die hier ausgestellte historische Spitze ist Familieneigentum und passt gut zu der in Weiß- und Beigetönen gehaltenen Einrichtung. In diesem bis ins Detail gestalteten und gepflegten Ambiente werden erlesene Speisen serviert.

Da Romano
Burano, via San Martino DX 221
tel. +39 041 730030
www.daromano.it - info@daromano.it
Der Name dieses Lokals geht auf dessen Gründer Romano Barbaro zurück, der die Osteria Anfang des 20. Jahrhunderts eröffnete. Das „Da Romano“ war von Beginn an ein beliebter Treffpunkt von Künstlern und Intellektuellen, die auf die Insel kamen. Im Laufe der Jahre füllten sich die Wände der Osteria mit Kunstwerken der illustren Gäste. Heute verfügt das Lokal über eine wertvolle Bildersammlung, an der man sich beim Genuss der traditionellen Speisen erfreuen kann. Die Osteria befindet sich nach wie vor im Besitz der Familie Barbaro und wird auch von ihr betrieben.

Tel. 345.3425304

17 S
M
M
G
V

Glossar

Bigoli
Hier handelt es sich um eine typische venezianische Nudelsorte. Die Nudeln ähneln dicken Spaghetti, sind aber länger und haben eine raue Oberfläche. Somit können Bigoli Saucen und Gewürze besser aufnehmen. In der Regel werden Bigoli aus Weizen, Wasser und Salz hergestellt. Es gibt sie aber auch als Vollkorn- oder Eiernudeln.

Bisi
Bezeichnung für Erbsen im venezianischen Dialekt. Daher rührt der Name *Risibisi* oder *Risi e Bisi* für Reis mit Erbsen.

Busara
Der Ursprung dieser Zubereitungsart ist umstritten. Die Bezeichnung Busara scheint auf Triestiner Dialekt zurückzugehen, sie bedeutet *raggiro* („umdrehen") oder *imbroglio* („durcheinandermischen"). Das Rezept „Garnelen nach Busara-Art" stammt wohl aus Dalmatien, zumindest wurde es nach dem Zweiten Weltkrieg in Triest zubereitet. Doch auch Venedig erhebt Anspruch auf die Herkunft dieses Rezeptes, da die Gebiete in Dalmatien, in denen die besten Garnelen gefischt werden, einst unter der Herrschaft der Serenissima standen.

Giuggiola
Ist die Frucht des Jujube-Baums. Die Pflanzenart stammt ursprünglich aus China und ist in der Region Veneto weit verbreitet. Die Beeren werden auch chinesische Datteln oder rote Datteln genannt. Sie werden vor allem für die Jujube-Suppe verwendet. Hier handelt es sich nicht etwa um eine Suppe, sondern um einen Likör, der nach einem sehr alten Rezept hergestellt wird. Der Likör ist so süß, dass es im Italienischen dafür ein Sprichwort gibt: „in die Jujubensuppe fallen" – ein Ausdruck dafür, dass man sehr glücklich ist. Das Leben ist süß!

Saor
Bedeutet wörtlich „Geschmack" und steht in der venezianischen Küche für eine süß-saure Sauce für Fische. Essig wurde bei vielen alten Rezepten verwendet, um Fische schmackhafter und länger haltbar zu machen. Da Venedig über Jahrhunderte Seemacht war, mussten

die Speisen für die Besatzung der Schiffe konserviert werden. Bei dem Rezept in diesem Buch werden noch Zwiebeln aus den Gemüsegärten der Lagune hinzugefügt, da sie antibakteriell wirken sollen sowie Sultaninen, die in der venezianischen Küche aufgrund des regen Handels mit dem Orient häufig verwendet werden.

Sauté
Der Ausdruck *sauté* (französisch „springen lassen“) bedeutet, dass die Zutaten beim Garen in der heißen Pfanne mit ganz wenig oder gar keinem Fett angeröstet werden. Aufgrund des raschen Bratens bei starker Hitze bildet sich um die Zutaten eine Art Schutzhülle, die verhindert, dass die Aromen während des Kochvorgangs verloren gehen.

Scalogno (Schalotte)
Diese Zwiebelart ähnelt der gemeinen Küchenzwiebel, hat allerdings eine mildere, aromatischere Würze. Schalotten werden vor allem bei Gerichten mit feinem und delikatem Geschmack zum Einsatz gebracht. Außerdem sind sie bekömmlicher als herkömmliche Speisezwiebeln.

Sgroppino (Sorbet)
Hier handelt es sich um ein alkoholhaltiges Zitronensorbet. Ursprünglich wurde diese Speise in Adelskreisen zwischen dem Fisch- und dem Fleischgang gereicht, um den Gaumen zu neutralisieren.

Sofegae
Wörtlich bedeutet dieses Wort im venezianischen Dialekt „getränkt“. In der Küche meint man damit in einem zugedeckten Topf langsam gegarte Speisen.

Spritz
Alkoholhaltiger Aperitif auf der Basis von Weißwein oder Prosecco mit Mineralwasser oder Soda. Man kann entweder Aperol, Campari, Select (bitterer Likör mit Orangengeschmack, nur im venezianischen Raum erhältlich) oder Cynar hinzufügen. Scheinbar entstand der Name des Getränks zur Zeit der Besetzung durch die Habsburger. Die österreichischen Soldaten hatten die Angewohnheit, ihren Wein mit Sprudelwasser zu verdünnen, um die Wirkung des Alkohols zu verringern. In Österreich nennt man einen mit Mineralwasser versetzten Weißwein heute noch „Spritzer“.

>>>

WEICHTIERE

Jakobsmuschel (Capesanta – *Pecten jacobeus*)
Wird im Italienischen auch „die Muschel des heiligen Jakob" genannt (conchiglia di San Giacomo).

Kammmuschel (Canestrello – *Chlamys varia*)
Diese Muschel wird auch „Kamm" (pettine) genannt. Sie ist im adriatischen Meer sehr verbreitet.

Moscardino *(Eledone moschata)*
Kleiner Tintenfisch mit langgezogenem Körper.

Purpurschnecken (Garusoli – *Haustellum brandaris*)
Aus dieser Schnecke gewann man in der Antike die Farbe Purpur.

Scheidenmuscheln (Cannolicchio, Capalonga – *Solen marginatus*) Schwertförmige Muscheln, die sich im Sand vergraben.

KRUSTENTIERE

Heuschreckenkrebse (Canocchia – *Squilla mantis*)
Werden auch „Meeresmais" genannt. Die Krebse haben einen weiß-grauen Panzer mit rosa Einfärbung und zwei charakteristische ovale braun-violette Flecken auf dem Schwanz, die aussehen wie zwei Augen.

Seespinne (Granseola – *Maja squinado*)
Sieht aus wie eine Krabbe, hat aber wesentlich längere Beine. Der italienische Name ist aus zwei venezianischen Wörtern zusammengesetzt: „Krabbe = granso" und „Zwiebel = seola".

Sandgarnele (Schia – *Palaemon adspersus*)
Eine Garnele, die in der Lagune von Venedig weit verbreitet ist.

Rezeptverzeichnis

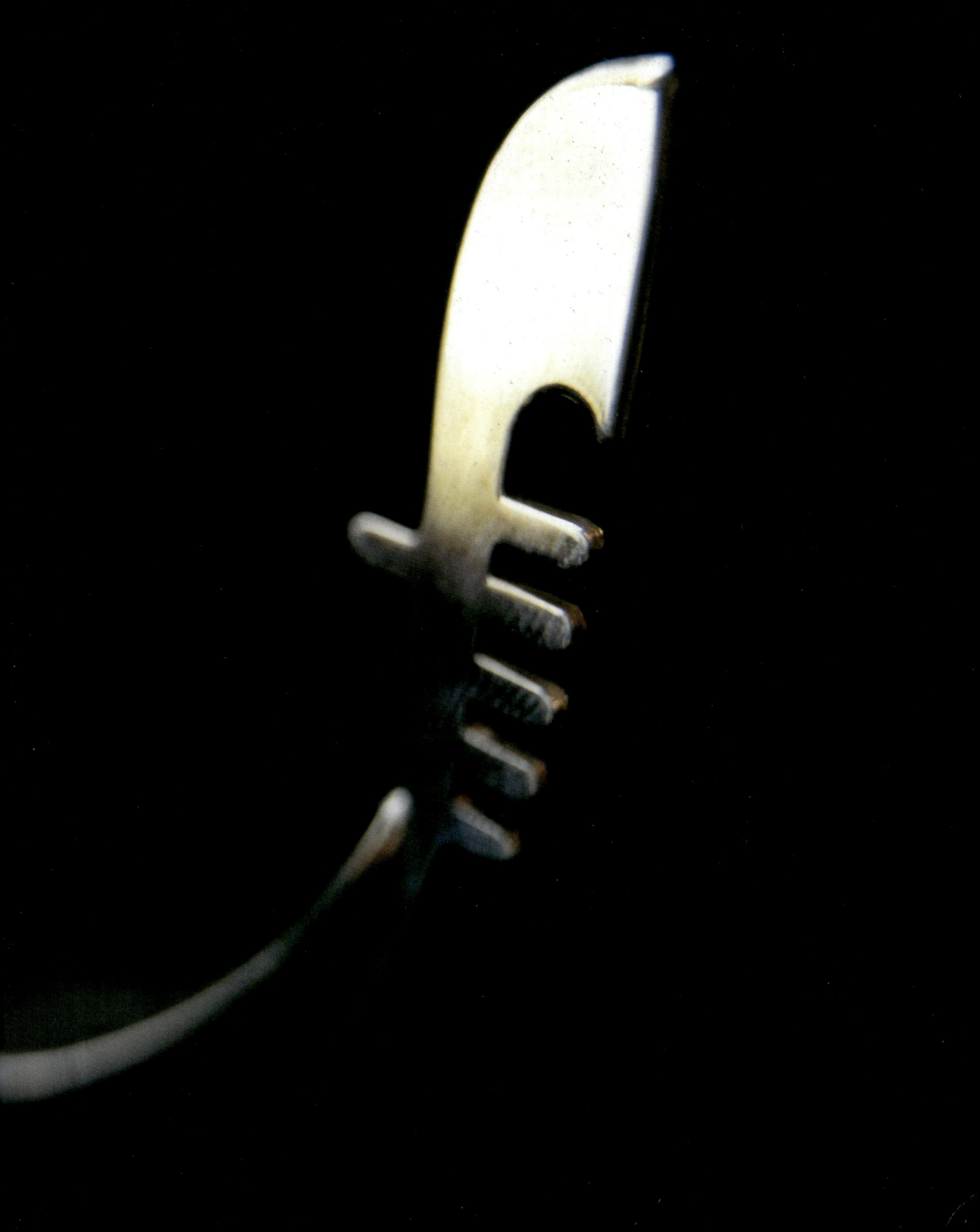

Fotonachweis:
Alle Fotos in diesem Buch stammen von **Laurent Grandadam** mit Ausnahme von:

Guido Baviera: Seiten: 132; 135, 176–177, 198–199, 224, 229;
Alan Beson: Seite 225;
Stefano Brozzi: Seite 239;
Matteo Carassale: Seiten: 47, 79, 205, 260–261;
Franco Cogoli: Seiten: 94–95;
Colin Dutton: Seiten: 38–39, 271, 281;
Olimpio Fantuz: Seiten: 8–9, 188–189, 204;
Roberto Gerometta: Seiten: 24–25;
Johanna Huber: Seiten: 48, 49, 106, 184, 185, 248;
Veronique Leplat: Seite: 107;
Joe Murador: Seite: 133;
Aldo Pavan: Seiten: 80–81, 240–241
Arcangelo Piai: Seite: 267;
Sandra Raccanello: Seite: 85;
Maurizio Rellini: Seiten: 140–141;
Stefano Renier: Seiten: 232, 259;
Sandro Santioli: Seiten: 226, 235;
Stefano Scatà: Seiten: 167, 210;
Giovanni Simeone: Seiten: 284–285;
Paolo Spigariol: Seiten: 265, 266, 269;
Stefano Torrione: Seiten: 256–257.

Texte und Rezepte:
Cinzia Armanini
Redaktionsmanagement:
Alberta Magris
Projektmanagement und Bildauswahl:
Giovanni Simeone
Redaktion:
William de Russo
Layout:
WHAT! Design
Seitenlayout:
Jenny Biffis
Qualitätskontrolle:
Fabio Mascanzoni

***

Die Originalausgabe erschien unter dem Titel *Venezia in cucina*
2012 bei Simebooks, San Vendemiano, Italien

1. Auflage 2013

Aus dem Italienischen von Sonja Schroll

Layout & Satz: Stephan Schöll, München
Printed in Italy

www.gerstenberg-verlag.de

ISBN 978-3-8369-2779-6